本书受到以下项目资助：国家自然科学基金青年项目“新创企业商业模式韧性的构成、作用机理及实现路径研究”（项目编号：72102026）、重庆市教育委员会人文社会科学研究一般项目“危机情境下商业模式数字韧性实现路径及创造价值的机理研究”（项目编号：22SKGH305）、重庆市社会科学规划青年项目“动态过程视角下商业模式韧性实现路径研究”(项目编号：2021NDQN45)、重庆理工大学科研启动基金资助项目“商业模式韧性创造价值的机理研究”（项目编号：2021ZDR008）。

U0954839

经管文库 · 管理类

前沿 · 学术 · 经典

商业模式数字化路径及其创造价值的机理研究

RESEARCH ON THE PATH OF BUSINESS MODEL DIGITIZATION AND THE MECHANISM OF DIGITAL BUSINESS MODEL CREATING VALUE

蔡春花 著

经济管理出版社
ECONOMY & MANAGEMENT PUBLISHING HOUSE

图书在版编目（CIP）数据

商业模式数字化路径及其创造价值的机理研究/蔡春花著．—北京：经济管理出版社，2023.5

ISBN 978-7-5096-9024-6

Ⅰ.①商… Ⅱ.①蔡… Ⅲ.①企业管理—商业模式—数字化—研究—中国 Ⅳ.①F279.2

中国国家版本馆 CIP 数据核字(2023)第 086270 号

组稿编辑：王　洋
责任编辑：王　洋
责任印制：黄章平
责任校对：陈　颖

出版发行：经济管理出版社
（北京市海淀区北蜂窝 8 号中雅大厦 A 座 11 层　100038）
网　　址：www. E-mp. com. cn
电　　话：（010）51915602
印　　刷：唐山昊达印刷有限公司
经　　销：新华书店
开　　本：720mm×1000mm/16
印　　张：12.25
字　　数：203 千字
版　　次：2023 年 6 月第 1 版　　2023 年 6 月第 1 次印刷
书　　号：ISBN 978-7-5096-9024-6
定　　价：98.00 元

联系地址：北京市海淀区北蜂窝 8 号中雅大厦 11 层
电话：（010）68022974　　邮编：100038

前　言

移动互联网、大数据等数字化技术与实体经济越来越紧密的结合，带来了整个经济环境和经济活动的根本变化，2019 年底突如其来的全球重大公共卫生危机新型冠状病毒肺炎（COVID-19），更是以极具破坏性的速度将这种大变革推向了高潮，对数字化进程做了一次检阅。企业作为经济活动的主体，数字化技术改变了其发现和利用商机的方式，重塑了企业的商业模式。如 Airbnb、Uber 或 Netflix 等以数字化商业模式定位自己的数字化原生企业，在短时间内，破坏性地革新了传统行业，且以强劲动力实现了指数型发展。数字化技术蕴含的无限潜力，吸引了全球各种规模的企业应对如何使用新技术为客户创造价值，商业模式数字化转型变得像个流行术语，无处不在。但是，能够成功实现转型的企业少之又少，许多商业模式创新，包括数字化转型失败的企业案例比比皆是。因此，商业模式数字化是否能够促进价值创造，商业模式数字化的具体路径有哪些，以及其创造价值的作用机理是什么，这些问题都需要做进一步的探讨。

然而，目前有关商业模式如何数字化的研究较为缺乏，已有的研究也较为碎片化，大多仅对商业模式某一个构成要素的数字化加以探讨，商业模式作为一种系统架构，缺乏系统地构建整合的理论框架来描述商业模式数字化的具体路径。加之，商业模式数字化对价值创造的影响途径并不明确，作用机制尚不清晰，也缺乏整合的理论基础来全面解释商业模式数字化是如何影响价值创造的。数字化情境下出现的新的商业现象，与工业化时代企业所遵循的底层的商业逻辑有所不同，需要寻找新的理论基础对新现象加以解释。此外，商业模式数字化路径与价值创造之间的关系，已有研究并未形成统一定论，大多数文献采用描述性概念框架和单案例研究加以探讨，需要更多的实证证据对二者的关系做进一步的检验。鉴于此，本书旨在回答：商业模式数字化的具体路径有哪些，其创造价值的作用机理是什么，以及与价值创造间存在怎样的关系。针对以上问题，本书采用探索式混合研究法深入探讨，主要采用以下两种方法展开相关研究：

在定性研究阶段，采用多案例研究法。首先，基于行业异质性和商业模式数字化路径的异质性两个关键要素，最终选取蓝色光标、苏宁和海尔三家上市公司作为研究对象。从商业模式创新视角，以商业模式核心构成模块为基础，归纳出商业模式数字化的三条路径：用户数字化、关键业务数据化和关键合作网络化。其中，用户数字化是商业模式数字化的切入点；关键业务数据化是商业模式数字化的关键要素；关键合作网络化是商业模式数字化的重要方向。其次，构建了商业模式数字化各路径与价值创造间的整体理论框架模型。其中，用户数字化包括个性化定制、网络精准营销和产品生命周期服务三个细分维度；关键业务数据化包括数据管理、业务数据驱动和数据价值的深度挖掘三个细分维度；关键合作网络化包括价值网络共创、跨企业协同和企业内集成三个细分维度；价值创造则由用户价值和企业价值加以刻画。最后，引入平台理论和价值共创等新的理论基础，采用理论与案例企业实践相结合的方式，剖析了商业模式数字化各路径创造价值的作用机理，得出了各路径与价值创造间关系的命题假设。

在量化研究阶段，采用大样本实证研究法。首先，根据质性研究阶段的发现指引量化调查工具中测量变量的发展，以及指示量化研究阶段的待答问题与资料收集。其中，待答问题是指：商业模式数字化路径与价值创造间是线性关系还是非线性关系。其次，基于中国传统企业数字化转型这一特定情境，以

“互联网+”板块上的259家上市公司为样本，采用文本挖掘、案例研究法和统计分析的思维和方法，收集了所有样本企业2012～2018年的可用数据，并采用李克特5级评分形式，形成可用的数据文本。同时，借助SPSS20.0对国泰安CSMAR数据库中所有样本企业与企业价值有关的指标进行因子分析，包括：可持续增长率、总资产净利润率、净资产收益率、营业净利率、总营业成本率、流动资产周转率、总资产周转率、股东权益周转率、综合收益增长率、营业总收入增长率等，提取出盈利能力、运营能力和发展能力三个因子。最后，借助Stata16.0软件，采用前向逐步回归分析法对商业模式数字化路径与价值创造间的关系模型进行估计和检验，得出相应结论，并演绎管理启示。大样本实证研究得出了如下结论：

用户数字化与运营能力和发展能力间均呈显著的正相关关系，但关键业务数据化在用户数字化与运营能力的关系间起着显著的负向调节作用，即存在替代效应；关键业务数据化与运营能力间呈显著的U形关系，阈值为3.91；关键合作网络化与运营能力间呈显著的U形关系，阈值为1.39，但同样受到关键业务数据化显著的负向调节；用户数字化、关键业务数据化和关键合作网络化与盈利能力间既不存在显著的U形关系，也不存在显著的线性关系。

综上所述，本书采用探索式混合研究法，深入探讨了商业模式数字化路径是什么、如何创造价值以及与价值创造间的具体关系，取得了一些有意义的研究成果，主要的创新点有以下四个方面：

第一，清晰界定了商业模式数字化、数字化商业模式、用户数字化、关键业务数据化和关键合作网络化的概念内涵，丰富了商业模式数字化的相关研究，做出了一定的边际贡献。

第二，立足于商业模式创新视角，以商业模式核心构成模块为基础，归纳出了商业模式数字化的三条具体路径——用户数字化、关键业务数据化和关键合作网络化，打开了商业模式如何数字化的黑箱，拓展了商业模式数字化的现有研究。

第三，构建了商业模式数字化路径与价值创造间的关系框架模型，剖析了商业模式数字化各路径创造价值的内在机理，深化和补充了商业模式创新中价值创造主导逻辑的理论知识。

第四，基于中国传统企业数字化转型的特定情境，实证检验了商业模式数字化路径与价值创造间的具体关系，得出了与现有研究不同的结论，深化和补充了对二者关系的认识，也有效地揭示了商业模式数字化的功效或价值创造的源泉。

此外，本书归纳出的商业模式数字化的三条具体路径，为传统企业实现商业模式数字化转型，以及新创企业设计数字化商业模式，提供了理论依据和决策参考。同时，基于中国传统企业数字化转型这一特殊情境，本书通过量化研究验证了商业模式数字化各路径与价值创造间的关系，得出的结论为企业在实施商业模式数字化的过程中做出更有效的决策提供了理论依据。

目　录

第一章　绪　论

一、研究背景

（一）现实背景

ABCD① 等数字化技术与实体经济越来越紧密的结合，带来了整个经济环境和经济活动的根本变化（Turetken et al.，2019；郭海和韩佳平，2019；埃森哲，2017，2018）。第一，数字经济已成为驱动全球经济发展的新动能（德勤，2019）。中国信通院（2018）的数据显示，2017 年全球数字经济总量增长到 26.17 万亿美元，并且 G20 国家产业数字化占比逐年提升。如法国、意大利等 5 国的数字经济占 GDP 比重平均值达到 44.7%，中国 2017 年数字经济规模为 4.02 万亿美元，处于第二位，仅次于美国。第二，2019 年底突如其来的全球重大公共卫生危机 COVID-19，以极具破坏性的速度将这种大变革推向了高潮，对数字化进程做了一次检阅。对线下场景依赖度高的行业，如服务业、旅

① ABCD：A：Artificial Intelligence（人工智能）；B：Blockchain（区块链）；C：Cloud Computing（云计算）；D：Big Data（大数据）。

游业等，疫情重塑了现有行业格局，成为了企业业绩断崖式下滑甚至破产的主要原因。然而，疫情期间，用户蜂拥上网，加速了生活、生产的线上化、数字化和智能化，对互联网企业而言又是“机”。例如，李佳琦在复工日 3 小时直播中吸引了 1600 多万人观看，25 个商品链接个个秒光，盒马鲜生春节期间的 App 日活用户同比增长了 127.5%①。

企业作为经济活动的主体，ABCD 等数字化技术深刻改变了企业发现和利用商机的方式（Gandhi et al.，2018；Syam 和 Sharma，2018；Sebastian et al.，2017），重塑了企业的商业模式（Serravalle et al.，2019；Cozzolino et al.，2018；Amit 和 Han，2017）。第一，以数字化商业模式定位自己的数字化原生企业（Haffke et al.，2016），如 Airbnb、Uber 或 Netflix 等，破坏性地革新了传统行业，在短时间内，以强劲动力实现了指数型发展（Mashood et al.，2020）。例如，同样达到 10 亿美元的市值，世界 500 强企业平均需要 20 年左右，而数字化原生企业只需几年时间（Google 8 年、Facebook 5 年、Tesla 4 年、WhatsApp 2 年等）；用户量同样达到 5 亿人规模，腾讯 QQ 用了十几年时间，微信用了 3.5 年；携程、淘宝和京东用了十几年时间才形成对传统零售业的优势，而滴滴打车、Uber 和 Airbnb 则只用了 3 年就形成了对传统行业的颠覆性革新。第二，数字技术的飞速发展（易加斌和王宇婷，2017），使顾客—企业两者由过去相对割裂的、封闭的、被动的关系转变为融合的、开放的、主动合作的关系（Turetken et al.，2019；卜庆娟，2017；万骁乐等，2017）。数字技术的发展，真正确立了顾客的主权地位（简兆权和曾经莲，2018；朱良杰等，2017；吴瑶等，2017；万骁乐等，2017），使顾客的角色由商品主导逻辑下的价值消耗者或毁灭者（武柏宇和彭本红，2018；张一进，2018），变为服务主导逻辑下的价值共同创造者（Vargo 和 Lusch，2004，2008，2016；Fyrberg 和 Yngfalk，2013；Prebensen 和 Xie，2017；武文珍和陈启杰，2017），顾客参与到企业产品和服务创造过程的程度日益加深（埃森哲，2018；Ra-

① 资料来源：http：//www.cnvsj.cn/hangye/xinwen/2020-03-19/21068.html.

maswamy 和 Ozcan，2016；Singaraju et al.，2016），如海尔打造的全球最大的大规模定制解决方案平台 COSMOPlat，用户全流程参与的大规模定制占比达19%，客户参与的大规模定制占比达52%。第三，数字化技术使商业模式进行价值创造的主体由企业主导转向为与需求侧的顾客和供给侧的利益相关者结成的价值网络共同主导（Demil，2015；Vargo 和 Lusch，2016；Nambisan et al.，2019），组织形式趋向于平台化（柳卸林等，2020）。截止到2019年9月23日，全球最有价值的10家企业中（中国占1家），有7家是平台企业。根据《福布斯》2018年10月公布的十大科技公司名单（中国占2家），有8家同样属于平台经济体。与之类似，IBM根据2018年对全球CEO所做的调查预测，在未来的2~3年，全球在平台模式上的投资将接近1.2万亿美元，比报告年发布的4200亿美元投资增长174%，而阿里研究院（2017）预测到2030年，中国平台经济规模将突破100万亿元，由平台企业主导的创新或创业生态系统正在成为经济发展的重要支撑（王凤彬等，2019；Jacobides et al.，2018；高良谋和张一进，2018）。

从以上现象不难看出数字化的无限潜力，随着全球各种规模的企业都在应对如何使用新技术为客户创造价值，“商业模式数字化”本身听起来也像个流行语，无处不在（Rodriguez B.，2018）。但是，许多商业模式创新，包括数字化转型失败的企业实例又比比皆是（Minatogawa et al.，2018；Christensen et al.，2016），甚至失败率高达85%（Gartner，2016），这可能是转型过程中仍然受路径依赖的影响而导致失败（Rothmann 和 Koch，2014）。埃森哲（2018）则指出，中国成功实现由数据驱动的产品创新的企业不到7%。这些失败都会对企业产生严重的经济影响（Geissdoerfer M. et al.，2018；Geissdoerfer et al.，2017a、2017b；Patel，2015）。因此，商业模式数字化是否一定能够促进价值创造，我们仍然心存疑虑。如果能，那么商业模式数字化的具体路径又有哪些？其对价值创造产生影响的内在机理是什么？如果不能，是不是受到了不同的情境限制？是否存在行业差异？以上问题都亟待深入探讨。

（二）理论背景

在过去的五年中，仅 *Industrial Marketing Management* 就已发表了 100 多篇有关 digitization、digitalization 和 digital 的文章。梳理国内外现有的数字化与商业模式相关的文献，发现学者们主要围绕以下主题展开：

第一，商业模式数字化源起及概念内涵。在 20 世纪 90 年代，数字化技术就被作为一种新的工作或开展业务的方式而探讨，然而，虽已讨论多年，商业模式数字化的概念仍然处于百花齐放的状态。Frankenberger et al.（2013）指出，“从根本上讲，可以将商业模式创新定义为采用一种新颖的方式来创造和获取价值，这种方式可以通过改变一个或多个商业模式构成要素来实现。当这些变化是由如互联网、大数据、人工智能等数字化技术推动时，所谈论的就是商业模式数字化”。Schallmo et al.（2016，2017）指出商业模式的数字化与单个或整个商业模式的构成要素、增值链以及不同参与者所构成的增值网络相关，同时也指出数字化转型虽已讨论了很多年，但仍然没有给商业模式数字化下一个清晰的定义。

同样，学界也没有给出一个公认的数字化商业模式的定义（Mashood et al.，2020）。例如，Zott et al.（2011）认为数字化商业模式是指数字技术会影响企业的活动并影响其获取价值的方式。Sawy 和 Pereira（2013）将数字化商业模式描述为通过数字平台提供的产品或服务的商业模式，以及企业如何通过数字渠道与客户进行互动以创造价值（Weill 和 Woerner，2013）。Veit（2014）认为可将数字化商业模式定义为其底层的业务逻辑具有数字化特征，并在与客户和业务合作伙伴的互动，以及内部运营方面加以体现；如果数字技术从根本上改变了业务开展方式和创收方式，那么商业模式就是数字化的。Bouncken et al.（2019）指出数字化商业模式定义了一种新的商业模式，其中数字技术对其所有维度，包括价值创造、价值获取和价值主张均具有重大影响。

第二，数字化商业模式的构成要素及特征。根据 Bock 和 Wiener（2017）的文献综述，数字化商业模式主要由六个元素构成：智能产品，数字智能服务，数字化流程，生态系统，平台和数据分析。本书将现有研究中涉及数字化商业模式的构成要素的主要文献进行了简单归纳（见表 1-1）。进一步梳理现有研究发现，也有学者对数字化商业模式所具有的特征进行了探讨。如 Loebbecke 和 Picot（2015）指出新的数字化商业模式的创建都是以数字化技术为基础，目的是优化并使现有流程自动化，以提高产品和服务的整体效率和质量。Remane et al.（2017）认为数字化商业模式需要依赖强大且灵活的平台，在该平台上可以轻松交付智能产品和数字（智能）服务（Sia et al.，2016）。Mashood et al.（2020）同样指出数字化商业模式是智能产品和数字智能服务的混合使用，涉及内部流程的数字化、生态系统内的运作、平台的可访问性以及数据分析的使用。

表 1-1 数字化商业模式的构成要素

出处	智能产品	数字智能服务	数字化流程	生态系统	平台
Wall et al.（2007）	√				√
Berman（2012）	√	√	√	√	
Keen 和 Williams（2013）	√			√	√
Qin 和 Yu（2014）					√
Baerenfaenger 和 Otto（2015）			√	√	
Loebbecke 和 Picot（2015）			√	√	
Wnuk 和 Murari（2016）					√
Paulus-Rohmer et al.（2016）		√		√	√
Zott 和 Amit（2017）	√				√
Bock 和 Wiener（2017）	√	√		√	√
Dellermann et al.（2017）				√	
Wåge 和 Crawford（2017）				√	
Kiel et al.（2017）	√	√		√	√
Remane et al.（2017）	√	√	√	√	√
Richter et al.（2017）					√
Schallmo et al.（2017）				√	

续表

出处	智能产品	数字智能服务	数字化流程	生态系统	平台
Teece 和 Linden（2017）	√	√	√	√	
Terrenghi 和 Schwarz（2018）	√	√			√
Weill 和 Woerner（2018）	√			√	√
Hamidi 和 Jahanshahifard（2018）	√	√			
总计	11	8	5	13	12

资料来源：在 Mashood A. et al. （2020）研究基础上修改、整理所得。

第三，商业模式数字化的影响作用。已有的研究大多采用描述性概念框架或案例研究的方式，探讨了商业模式数字化的影响作用。学者们纷纷指出，商业模式的数字化正在重塑消费者的偏好和消费（Oscar et al.，2017），改变客户关系（Dellarocas，2003），内部流程（Anat et al.，2003）和价值主张（Vargo et al.，2010）；数字化商业模式具有改变市场乃至整个行业的潜力（Amaury et al.，2019）。正如 Härting（2018）所指出的，“尽管谁是我们的客户，如何与他们沟通，向他们提供什么以及如何进行交易”等问题仍保持不变，但数字化商业模式改变了解决这些问题的方式，且已成为商业模式创新的新范式和新路径，以及竞争优势的来源（Hossain，2017）；错过数字化趋势的企业将面临失去客户的威胁，从长远来看，这甚至会危及他们的生存，Airbnb、Apple 的 iTunes 或 Uber 就是各自行业颠覆性数字化商业模式创新的例子（Ematinger，2018）。

第四，商业模式数字化与价值创造间的关系。一类文献将商业模式数字化作为自变量探讨了与价值创造或企业绩效间的关系。例如，Hildebrandt et al.（2015）选取 2000~2013 年全球最大的 22 家汽车制造商的纵向数据集，采用多元回归分析模型，研究发现数字化商业模式创新对汽车制造商预期的未来绩效产生积极影响（1 年、2 年、3 年的每股收益预测值），从而证实了数字化转型的重要性。Peter et al.（2019）采用描述性概念框架的方式指出数字化商业模式通过对市场结果的影响，能够对业务绩效产生直接或间接的影响。还有一类文献则将商业模式数字化作为中介变量或者前因变量来展开相应研究。例如，Thomas 和 Carsten（2019）探讨了企业的数字化能力如何与其数字化商业模式相互作用以实现以数据为基础的增长，研究指出数字化能力会影响其商业模式中的所有要素，是数字化商业模式所依赖的组织基础，因此是企业进行数字化转型的先决条件。Michael et al.（2019）根据在两个不同行业（媒体和汽车行业）工作的 12 位工作者收集的定性数据，探讨了数字化如何通过影响企业的商业模式，进而影响企业的价值创造、价值主张和价值获取。郭海和韩佳平（2019）以 285 家互联网创业企业为样本，考察了商业模式创新在新创企业的创新开放深度和广度对企业成长绩效的影响中所起的中介作用。结果表明，在开放深度与企业成长绩效间的中介作用显著，开放广度则未得到支持。

通过对已有研究的回顾，发现仍存在以下不足：

第一，数字化商业模式对价值创造的影响途径并不明确，作用机制尚不清晰。虽然部分研究指出商业模式数字化能对未来绩效产生积极的影响，也能对业务绩效产生直接或间接的影响，但是我们对企业能否真正从商业模式数字化创新中获益仍然心存困惑，并且商业模式数字化的具体路径和对价值创造的影响机制，仍有待进一步探究。

第二，情境化研究仍然有待加强。虽已有少量研究开始关注到数字化情境，但现有研究对数字化情境下的商业模式数字化的关注仍然欠缺。例如，雷羽尚和杨海龙（2019）以微信社交平台情境中的打赏为研究对象，基于利益相关者理论，对打赏商业模式中核心要素的互动关系进行了理论阐释和定量数据的检验；郭笑春和胡毅（2019）通过对比数字货币背景下商业模式在价值主张、价值创造、价值传递、价值网络和价值实现五个方面的差异，探究了数字货币情景下商业模式中不同价值元素的交互关系；李稚和谭德庆（2020）则以网络视频商业模式为研究对象，建立连续时间收益数学模型，得到收费—免费模式的转换时间点，并确立最优的收费或免费策略。这些研究都并未很好地回答在数字化情境下，特别是中国传统企业数字化转型这一特殊情境下，企业能否真正从商业模式数字化中获益，以及与工业经济情境相比，数字化情境下的价值创造又有哪些新的特征的问题。

第三，缺乏整合的理论基础来全面解释数字化商业模式创造价值的机理。原有用于孤立的分析框架已难以全面解释数字化商业模式的总体价值创造，每种理论在解释价值创造时都存在局限性，尤其是考虑到高度相互关联的互联网经济，因此，路径→机理→功效仍然是一个“黑箱”，也缺乏整合的理论框架。另外，数字化情境下出现的新的商业现象，与工业化时代企业所遵循的底层的商业逻辑有所不同，因此，不同于以往文献以企业资源观、价值链理论、战略网络理论等为基础，需要寻找新的理论基础对新现象加以解释。

第四，研究方法上存在的不足。较多采用描述性概念框架和单案例研究，采用大样本的计量实证或假设检验研究的文献数量较为有限，实证研究落后于概念研究，因此，需要更多证据检验商业模式数字化的特征、过程、路径、价值动因以及与价值创造间的关系及作用机理。另外，样本对象和数据来源较多关注创业型企业或者电子商务型企业，较少关注传统行业以及跨行业的对比分析（Kretschmer 和 Claussen，2016），进而这些方面的研究仍然缺失。

二、研究问题的提出

在 Teece（2010）、Peter et al.（2019）等研究的基础上，本书将商业模式数字化定义为通过使用数字化技术部分或整体更新商业模式的构成要素，以采用新的业务逻辑来为利益相关者创造、传递和捕获价值，从而引入新的商业模式的过程就被称为商业模式数字化，而这种新的商业模式就被标记为数字化商业模式。

数字化技术蕴含的无限潜力，吸引了全球各种规模的企业都在应对如何使用新技术为客户创造价值，商业模式数字化转型变得像个流行术语，无处不在。但是，能够成功实现转型的企业少之又少，许多商业模式创新，包括数字化转型失败的企业案例又比比皆是。同时，目前有关商业模式如何数字化的研究较为缺乏，已有的研究也较碎片化，大多仅对商业模式某一个构成要素的数字化加以探讨，商业模式作为一种系统架构，缺乏系统地构建整合的理论框架来描述商业模式数字化的具体路径。加之，商业模式数字化对价值创造的影响途径并不明确，作用机制尚不清晰，也缺乏整合的理论基础来全面地解释商业模式数字化是如何影响价值创造的。数字化情境下出现的新的商业现象，与工业化时代企业所遵循的底层的商业逻辑有所不同，也需要寻找新的理论基础来对新现象加以解释。此外，商业模式数字化路径与价值创造之间的关系，已有研究并未形成统一定论，大多数文献采用描述性概念框架和单案例研究加以探讨，需要更多的实证证据对二者的关系做进一步的检验。

基于以上现实背景和理论背景，本书旨在深入探讨以下三个问题：

问题 1：商业模式数字化的具体路径有哪些？

目前有关商业模式如何数字化的研究较为缺乏，已有的研究也较碎片化，大多仅对商业模式某一个构成要素的数字化加以探讨。比如有学者研究了用户数字化的问题，指出数字化有助于洞悉用户的潜在需求，从而给企业提供更为完整的用户画像，了解用户的差异化需求，对用户行为进行预测等（Lee et al.，2018；陈冬梅等，2020）。也有学者基于大数据情境，探讨了大数据如何重塑管理决策、业务模式等（陈国青等，2020）。与之不同，本书旨在更全面、更系统地探讨商业模式数字化的具体路径问题，而不再局限于商业模式某个单一层面如何数字化。

问题 2：商业模式数字化路径创造价值的内在机理是什么？

回归商业的本质，企业对商业模式进行数字化是为了促进价值创造。但是，过去的研究缺乏整合的理论基础来全面解释商业模式数字化是如何影响价值创造的，也缺乏整体的理论框架来描述二者之间的关系。数字化情境下出现的新的商业现象，与工业化时代企业所遵循的底层的商业逻辑有所不同，因此，不同于以往文献以企业资源观、价值链理论、战略网络理论等为基础，需要寻找新的理论基础来对新现象加以解释。鉴于此，本书将从商业模式创新视角，基于价值共创、平台理论等新的理论基础，来深入剖析商业模式数字化创造价值的内在机理。

问题3：商业模式数字化路径与价值创造间是线性关系还是非线性关系？

数字化的确拥有无限潜力，但转型失败的企业又比比皆是（Minatogawa et al.，2018；埃森哲，2018；Christensen et al.，2016；Gartner，2016），因此，我们对商业模式数字化是否一定能正向促进价值创造仍然心存疑虑。特别是在中国传统企业数字化转型这一特定情境下，企业能否真正从商业模式数字化中获益？对这些问题的回答，需要更多的实证证据做进一步的检验。加之，已有的文献较多采用描述性概念框架和单案例研究，采用大样本的计量实证或假设检验研究的文献数量较为有限，并且在少有的定量实证研究中，更多是探讨商业模式数字化与企业财务绩效间的关系（Hildebrandt et al.，2015；Peter et al.，2019；Michael et al.，2019；郭海和韩佳平，2019等），仍然缺乏与用户价值或企业成长绩效间的关系探讨。因此，本书立足于中国传统企业数字化转型这一特殊情境，一方面从企业具体实践案例中揭示商业模式数字化与用户价值和企业价值之间的关系，另一方面采用大样本定量研究的实证方法，进一步检验商业模式数字化与企业财务绩效和成长绩效之间的关系，弥补现有有关商业模式数字化与价值创造关系研究中存在的不足。

三、研究目的和研究意义

（一）研究目的

为了回答上文提出的三个问题，本书想要达到的研究目的如下：

第一，通过多案例研究和扎根分析相结合的方式，归纳出商业模式数字化的具体路径，以回答商业模式如何数字化的问题。

商业模式数字化的路径是什么，属于“是什么”（what）的问题，在这方面探索性案例研究方法具有明显优势。同时，由于理论样本可能包括极端案例、极端类型或特殊情况（Meredith，1998），与单案例研究法相比，多案例研究通过对结果进行案例内和案例间的比较分析，能够增强研究结果的可靠性（Ghezzi 和 Cavallo，2018；McGrath，2010；Meredith，1998）。因此，本书基于行业异质性、商业模式数字化路径的异质性、案例间的异质性和互补性等因素，最终选取蓝色光标、苏宁和海尔三家案例企业作为多案例研究对象，归纳出商业模式数字化的具体路径，尝试回答商业模式如何数字化的问题。

第二，通过理论与企业实践相结合的方式，剖析商业模式数字化各路径创造价值的内在机理，以回答商业模式数字化是如何创造价值的问题。

在归纳出商业模式数字化具体路径的基础上，本书借助价值共创、平台理论等新兴的理论基础，采用理论与案例企业具体实践相结合的方式，深入剖析商业模式数字化路径如何创造价值的作用机理，得出相应结论，同时，为后文建立计量模型进行实证检验做铺垫。

第三，在中国传统企业数字化转型的特定情境下，通过大样本定量研究的方式，验证商业模式数字化路径与价值创造间的关系，以回答二者究竟是线性还是非线性关系的问题。

为了回答商业模式数字化路径与价值创造间是线性还是非线性关系问题，一方面，本书在多案例研究中，定性描述了商业模式数字化各路径与用户价值间的关系，如观察用户数、活跃度、转化率等指标的变化。另一方面，在中国企业数字化转型的特定情境下，本书选择“互联网+”板块上 259 家上市企业作为研究样本，采用文本挖掘、案例研究法和统计分析的思维与方法，前后历时约一年半的时间，收集了所有样本企业 2012～2018 年的可用数据。同时，借助 SPSS20.0 对国泰安 CSMAR 数据库中样本企业与财务绩效和成长绩效有关的指标：可持续增长率、总资产净利润率、净资产收益率、营业净利率、总营业成本率、流动资产周转率、总资产周转率、股东权益周转率、综合收益增长率、营业总收入增长率等进行因子分析，以提炼出本书所需的关键变量。然后，借助 Stata16.0 软件，采用前向逐步回归分析法对商业模式数字化路径与价值创造间的关系模型进行估计和检验，从而得出对二者关系更全面、更精确的研究结果。

（二）研究意义

本书基于中国传统企业数字化转型的特定情境，采用混合研究法，即定性的多案例研究与定量的大样本实证研究相结合的方式，探讨商业模式如何数字化以及与价值创造间的关系问题，尝试打开商业模式数字化路径→机理→功效的黑箱，具有如下理论意义和现实意义：

1. 理论意义

第一，清晰界定了商业模式数字化、数字化商业模式、用户数字化、关键业务数据化和关键合作网络化的概念内涵，做出了一定的边际贡献，丰富了商业模式数字化的相关研究。自 20 世纪 90 年代开始，数字化转型虽然已讨论了很多年，但仍然没有给商业模式数字化和数字化商业模式一个清晰、统一的定义（Schallmo et al.，2016，2017；Mashood et al.，2020）。因此，在已有的研究基础上，结合本书的研究主题，给出了商业模式数字化、数字化商业模式、用户数字化等关键概念的具体定义，丰富了现有研究，也为未来的相关研究提供了参考。

第二，以商业模式核心构成模块为基础，通过多案例定性研究与扎根分析相结合的方式，归纳出了商业模式数字化的具体路径，打开了商业模式如何数字化的黑箱。目前有关商业模式如何数字化的研究较为缺乏，已有的研究也较碎片化，仅有少量文献探讨了商业模式某一个构成要素的数字化，缺乏整合的理论框架来描述商业模式数字化的具体路径。因此，本书立足于商业模式创新视角，以商业模式核心构成模块为基础，通过对数字化领军企业的典型多案例研究，系统地归纳出商业模式数字化的具体路径，回答了商业模式如何数字化的问题，丰富了商业模式创新理论。

第三，构建了商业模式数字化路径与价值创造间的关系框架模型，剖析了商业模式数字化各路径创造价值的内在机理，深化和补充了商业模式创新中价值创造主导逻辑的理论知识。数字化情境下出现的新的商业现象，与工业化时代企业所遵循的底层的商业逻辑有所不同，因此，不同于以往文献以企业资源观、价值链理论、战略网络理论等为基础，需要寻找新的理论基础对新现象加以解释。鉴于此，本书通过引入平台理论和价值共创等新的理论基础，结合案例企业具体实践，剖析了商业模式数字化路径与价值创造关系间的新规律，一方面丰富了价值共创等理论在传统企业数字化转型情境下的适用性，另一方面阐明了商业模式数字化路径对价值创造产生影响的作用机理，深化和补充了商业模式创新中价值创造的主导逻辑的理论知识。

第四，基于中国传统企业数字化转型的特定情境，通过大样本定量研究实证检验了商业模式数字化路径与价值创造间的关系，得出的结论有效地揭示了商业模式数字化的功效。梳理现有研究发现，商业模式数字化与价值创造间的关系并没有统一的定论，并且已有文献较多采用描述性概念框架和单案例研究法，因此需要更多的实证研究来对二者间的关系做出进一步检验。为了回应这一呼吁，本书在中国传统企业数字化转型特定情境下，以“互联网+”板块上的 259 家上市公司 2012～2018 年的数据为样本，采用前向逐步回归分析法对商业模式数字化路径与价值创造间的关系模型加以估计和检验，得出的结论深化了对二者关系的认识，也有效地揭示了商业模式数字化的功效或价值创造的源泉。

2. 现实意义

第一，本书归纳出的三条商业模式数字化的具体路径，为传统企业实现商业模式数字化转型，以及新创企业设计数字化商业模式，提供了理论依据和决策参考。本书研究发现，用户数字化是商业模式数字化的切入点，体现在用户的个性化定制、网络精准营销、产品生命周期服务三个方面；数据是驱动商业模式数字化的关键要素，体现在数据管理、业务数据驱动、数据价值的深度挖掘三个方面；而关键合作网络化是商业模式数字化的重要方向，体现在价值网络共创、跨企业协同、企业内集成三个方面。因此，企业在创新现有的商业模式或设计新的商业模式时，可以从这些维度进行思考。

第二，基于中国传统企业数字化转型特殊情境，通过大样本实证研究验证了商业模式数字化路径与价值创造间的关系，得出的结论对企业具体实践提供了决策依据，具有一定的现实指导意义。本书研究结果表明，用户数字化与运营能力和发展能力均呈显著的正相关关系；关键业务数据化与运营能力间呈显著的U形关系；关键合作网络化与运营能力呈显著的U形关系；用户数字化、关键业务数据化和关键合作网络化与盈利能力间既不存在显著的U形关系，也不存在显著的线性关系；用户数字化和关键合作网络化与运营能力的关系均受到关键业务数据化显著的负向调节作用。这些结论为企业在实施商业模式数字化的过程中做出更有效的决策提供了理论依据。

四、研究思路与研究方法

（一）研究思路

为了探讨企业的商业模式数字化路径是什么、如何创造价值以及与价值创造间的具体关系，本书整个研究过程遵循“基于新的商业现象提出科学问题→采用理论与企业实践相结合的方式分析问题→采用大样本实证研究的规范方法解决问题→基于所得结果演绎管理启示”的整体思路，因此，本书的具体章节安排如下：

第一章，绪论。在数字经济时代背景下，基于对出现的新的商业现象的观察和对理论背景的深入分析，引出所要研究的科学问题，指出研究目的，存在的理论意义与现实价值，阐明研究思路并以技术路线图归纳研究框架，最后对所采用的研究方法和创新之处加以说明。

第二章，文献综述及理论基础。首先，回顾商业模式创新和数字化路径的现有研究，并界定商业模式数字化、价值创造等核心概念；其次，阐明平台理论、价值共创理论和价值网络理论的核心观点，以及数字化情境下呈现出的新特征，以为商业模式数字化如何创造价值提供充分的理论基础。

第三章，商业模式数字化路径及其创造价值的多案例研究。基于商业模式创新视角，从商业模式的核心构成模块出发，采用多案例研究法，归纳出商业模式数字化的三条路径，即用户数字化、关键业务数据化和关键合作网络化，并采用理论与企业实践相结合的方式推理论证各路径创造价值的作用机理，同时提出相应的理论假设，为后文的大样本实证研究做铺垫。

第四章，商业模式数字化路径与价值创造间关系的实证检验。基于中国传统企业数字化转型的特定情境，以“互联网+”板块上 259 家上市企业 2012~2018 年的样本数据为基础，构建二次模型或线性回归模型，借助 SPSS20.0 和 Stata16.0 对数据加以处理和分析，以对商业模式数字化路径与价值创造间的关系进行大样本实证检验，得出相应结论并演绎管理启示。

第五章，结论与展望。总结本书的研究结论和主要贡献，指出研究不足之处及未来可进一步研究的方向。

综上，本书的技术路线如图 1-1 所示。

（二）研究方法

根据 Creswell（2009，2015）的研究，当单一研究取向（质性或量化）不足以解决研究问题，或可借由量化资料来强化质性设计时，混合研究法就是较佳的设计。其中，探索式混合方法设计是指从收集质性资料以探索现象开始

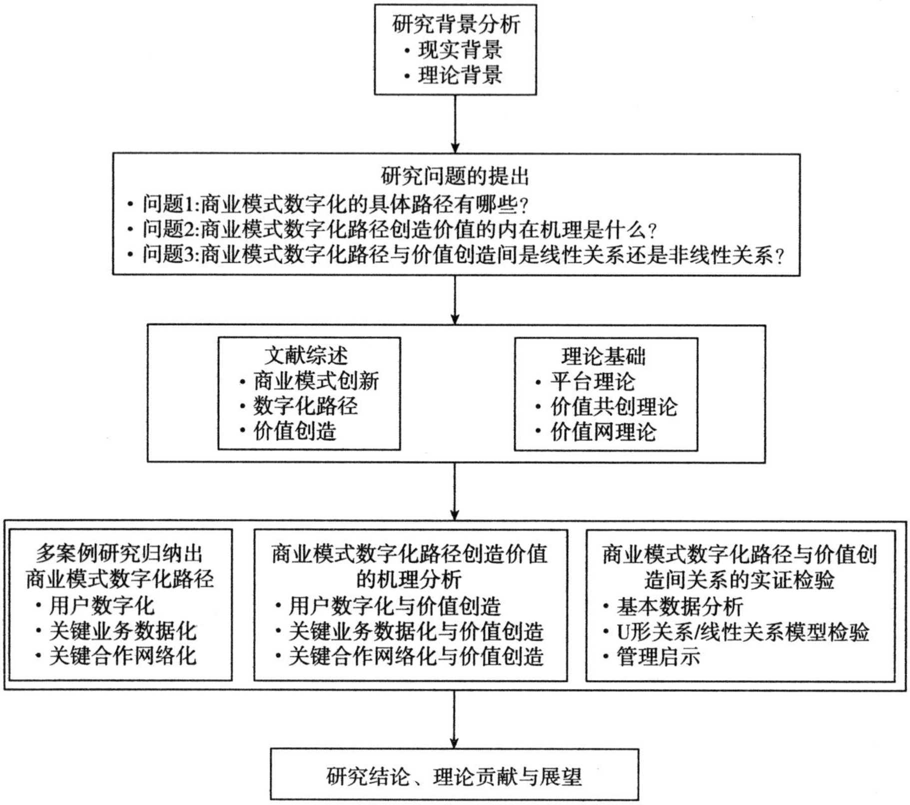

图 1-1 本书的技术路线

(Creswell, 2003; Plano Clark et al., 2003), 随后研究者借由质性阶段的结果，来发展工具、确立变量，或依据浮现的理论或架构提出待考验的命题，据以进行第二阶段的量化研究。两阶段的探索式设计的意图在于：第一个方法（质性）的结果有助于发展或知会第二个方法（量化）(Greene et al., 1989)。本书研究的目的是回答商业模式数字化的具体路径是什么、各路径创造价值的内在机理是什么，以及与价值创造间的关系是线性关系还是非线性的问题。前两个问题属于“是什么”(what) 的范畴，在这方面探索性案例研究法具有明显优势，而对两者间关系的进一步确认则需通过大样本实证研究来加以检验。

因此，本书的研究主题适合采用探索式混合研究法，具体如下：

（1）定性研究阶段：多案例研究法。数字化时代涌现出的新的商业现象，实践超前于理论。首先，案例研究法在深入调查新现象方面具有明显优势（Eisenhardt，1989），适用于不容易界定、藏于过程之中且难以观察的问题，可做到不依赖过去的文献或经验证据，还能够通过与现有研究充分对话来构建理论（Eisenhardt 和 Graebner，2007；吕文晶等，2019）。其次，对于探索“商业模式数字化的路径是什么以及其创造价值的作用机理是什么”这类具有探索性的问题，探索性案例研究法具有明显优势，能够深入地挖掘现象背后的理论逻辑和规律（黄江明等，2011；王凤彬，2019）。最后，多案例研究有利于归纳数字化领军企业在商业模式数字化过程中存在的共性，以及对价值创造影响的机制；与单案例研究法相比，通过对结果进行案例内和案例间的比较分析，能够增强研究结果的信度和效度（Ghezzi 和 Cavallo，2018；McGrath，2010；Meredith，1998）。因此，多案例研究法与本书的研究目的相契合。

（2）量化研究阶段：大样本实证研究法。对于商业模式数字化路径与价值创造间是线性关系还是非线性关系的研究问题，需要借助大样本定量研究加以验证。首先，在中国传统企业数字化转型特定情境下，本书以“互联网+”板块上的 259 家上市公司为样本，采用文本挖掘、案例研究法和统计分析的思维和方法，收集了所有样本企业 2012～2018 年的可用数据。其次，借助 SPSS20.0 对国泰安 CSMAR 数据库中样本企业与财务绩效和成长绩效有关的指标：可持续增长率、总资产净利润率、净资产收益率、营业净利率、总营业成本率、流动资产周转率、总资产周转率、股东权益周转率、综合收益增长率、营业总收入增长率等进行因子分析。最后，借助 Stata16.0 软件，采用前向逐步回归分析法对商业模式数字化路径与价值创造间的关系模型进行估计和检验，得出相应结论，并演绎管理启示。

五、研究创新点

基于本书的研究内容和所得出的结论，与已有研究相比，创新点可作如下归纳：

第一，清晰界定了商业模式数字化、数字化商业模式、用户数字化、关键业务数据化和关键合作网络化的概念内涵，做出了一定的边际贡献，丰富了商业模式数字化的相关研究。

自20世纪90年代开始，数字化转型虽然已讨论了很多年，但商业模式数字化和数字化商业模式仍未有一个清晰、统一的定义（Schallmo et al.，2016，2017；Mashood et al.，2020）。因此，在已有研究的基础上，结合本书的研究主题，给出了商业模式数字化、数字化商业模式、用户数字化等关键概念的具体定义，丰富了现有研究，也为未来的相关研究提供了重要参考。

第二，立足于商业模式创新视角，以商业模式核心构成模块为基础，归纳出了商业模式数字化的三条具体路径，打开了商业模式如何数字化的黑箱，拓展了商业模式数字化的现有研究。

目前有关商业模式如何数字化的研究较为缺乏，已有的研究也较碎片化，仅有少量文献探讨了商业模式某一个构成要素的数字化。商业模式作为一种系统架构，不能仅从单一视角来孤立地分析（李文等，2020），需要系统地构建整合的理论框架来描述商业模式数字化的具体路径。为了弥补现有研究的不足，本书立足于商业模式创新视角，以商业模式核心构成模块为基础，通过对数字化领军企业的典型多案例研究，系统地归纳出商业模式数字化三条具体路径：用户数字化、关键业务数据化和关键合作网络化。其中，用户数字化是商业模式数字化的切入点，体现在个性化定制、网络精准营销和产品生命周期服务三个细分维度；关键业务数据化是商业模式数字化的关键要素，包括数据管理、业务数据驱动和数据价值的深度挖掘三个细分维度；关键合作网络化是商业模式数字化的重要方向，包括价值网络共创、跨企业协同和企业内集成三个细分维度。本书回答了商业模式如何数字化的问题，丰富了商业模式创新理论。因此，打开了商业模式如何数字化的黑箱，拓展了商业模式数字化的现有研究。

第三，构建了商业模式数字化路径与价值创造间的关系框架模型，剖析了商业模式数字化各路径创造价值的内在机理，深化和补充了商业模式创新中价值创造主导逻辑的理论知识。

数字化情境下出现的新的商业现象，与工业化时代企业所遵循的底层的商业逻辑有所不同，因此，不同于以往文献以企业资源观、价值链理论、战略网络理论等为基础，需要寻找新的理论基础来对新现象加以解释。鉴于此，本书通过引入平台理论和价值共创等新的理论基础，结合案例企业具体实践，剖析了商业模式数字化路径与价值创造关系间的新规律，一方面丰富了价值共创等理论在传统企业数字化转型情境下的适用性，另一方面阐明了商业模式数字化路径对价值创造产生影响的作用机理，深化和补充了商业模式创新中价值创造的主导逻辑的理论知识。

第四，基于中国传统企业数字化转型的特定情境，实证检验了商业模式数字化路径与价值创造间的具体关系，得出了与现有研究不同的结论，深化和补充了对二者关系的认识，也有效地揭示了商业模式数字化的功效或价值创造的源泉。

梳理现有研究发现，商业模式数字化与价值创造间的关系并未有统一的定论，并且已有文献较多采用描述性概念框架和单案例研究法，因此需要更多的实证研究来对二者的关系做出进一步检验。为了回应这一呼吁，本书在中国传统企业数字化转型特定情境下，以“互联网+”板块上的 259 家上市公司 2012~2018 年的数据为样本，采用前向逐步回归分析法对商业模式数字化路径与价值创造间的关系模型加以估计和检验，得出了与已有研究不同的结论，深化和补充了对二者关系的认识，也有效地揭示了商业模式数字化的功效或价值创造的源泉。研究发现：用户数字化与运营能力和发展能力间均呈显著的正相关关系；关键业务数据化与运营能力间存在显著的 U 形关系，阈值为 3.91；关键合作网络化与运营能力间存在显著的 U 形关系，阈值为 1.39。同时，在用户数字化和关键合作网络化与运营能力的关系间，关键业务数据化均起着显著的负向调节作用。此外，与已有研究结论相反，商业模式数字化各路径与盈利能力间既不存在显著的 U 形关系，也不存在显著的线性关系。

第二章　文献综述及理论基础

一、商业模式创新的文献分析

（一）商业模式

追根溯源，商业模式（Business Model，BM）一词，1957 年最早出现在 Bellman 和 Clark 所写论文的正文中，1960 年出现在 Jones 所写论文的标题中。此后 30 年间，直至 20 世纪 90 年代，该术语的应用不温不火，仅有五篇同行评审的期刊文献在标题中出现商业模式一词（Osterwalder，2005）。20 世纪 90 年代，互联网兴起和普及，美国高科技企业快速成长和繁荣，业界、媒体、出版商、学界、咨询机构等，开始频繁使用“商业模式”，描述这些高新技术企业的商业价值创造逻辑或成功源泉，以区分其他企业。随后，以 2001 年 Amit 和 Zott 在 *Strategic Management Journal* 发表标志性著作 *Value creation in E-business* 作为起点，商业模式的研究历经了 20 年的时间，似乎开始进入了“下半场”，但学界对商业模式研究的兴趣却仍未减退（Cuc，2019）。商业模式已成为企业成功的关键，对其的研究焦点也由商业模式（创新）“是什么”和“如何做”，转向商业模式“哪里来（前因和形成机制）”，以及“有何用（到底创造了什么价值）”（江积海，2019）。

接下来，本书先从商业模式的概念和构成要素两个方面梳理现有研究。

第一，商业模式的概念界定。随着互联网在20世纪90年代中期的兴起，商业模式的概念得到了广泛传播（Magretta，2002；Zott，Amit和Massa，2011；Amaury et al.，2019）。早期有关商业模式的大多数定义都集中于解释企业如何赚钱（Stewart和Zhao，2000）、如何运作（Magretta，2002；Chesbrough和Rosenbloom，2002；Magretta，2002）以及特定参与者如何选择与要素和产品市场建立联系（Zott和Amit，2008）。尽管学术界努力组织商业模式概念的各种定义和观点（见表2-1），也进行了长期的实践和学术讨论，但仍未抓住其核心（Dasilva和Trkman，2014），商业模式本质的定义和理解并未达成共识，也引发了不少批评和争议（Zott et al.，2011；Ronny和Gerhard，2017；Cuc，2019）。但是，梳理现有研究可发现，大多数商业模式的定义之间仍然存在共同点，即为企业的活动提供了整体观，而不是将范围限制在企业的内部要素或外部环境因素（Amaury et al.，2019）。因此，被学者们广泛接受的定义是：商业模式是描述企业如何创造、传递和获取价值的基本原理或框架（Osterwalder和Pigneur，2010；Kaplan，2012；Ronny和Gerhard，2017；Teece，2018；Mashood et al.，2020）。

表2-1　商业模式的定义

出处	商业模式的定义
Linder和Cantrell（2000）	企业创造价值的核心逻辑，以利润为导向的企业的商业模式说明了它如何赚钱
Amit和Zott（2001）	商业模式描述了交易的内容、结构和治理，旨在通过利用商机创造价值
Chesbrough和Rosenbloom（2002）	商业模式是将技术潜力与经济价值的实现联系起来的启发式逻辑
Afuah和Tucci（2002）	可以将商业模式概念化为由构成要素，要素之间的连接和动态性组成的系统

续表

出处	商业模式的定义
Shafer（2005）	将商业模式定义为企业在价值网络中创造和获取价值的基本核心逻辑和战略选择
Skarzynski 和 Gibson（2008）	将商业模式定义为用于识别企业如何创造、交付和提取价值的概念框架。它通常包括一整套构成组件，所有这些构成都可以看作是创新和竞争优势的机会
Johnson（2010）	从本质上讲，商业模式代表了企业如何为客户和企业创造并交付价值
Osterwalder 和 Pigneur（2010）	商业模式描述了企业如何创造、交付和获取价值的基本原理
Teece（2010）	商业模式阐明了支持客户价值主张的逻辑、数据和其他证据，以及企业提供该价值的可行的收入和成本结构
魏炜和朱武祥（2009，2012）	商业模式的本质是基于内外部利益相关者的交易结构
Zott 和 Amit（2010）	商业模式是一个跨越了核心企业边界的相互依存的活动系统
Kaplan（2012）	商业模式是描述企业如何创造、传递和获取价值（经济、社会或其他形式的价值）的基本原理
Baden-Fuller 和 Mangematin（2013）	商业模式是描述商业的构架和逻辑，界定组织的价值主张，以及价值创造和捕捉的可视化工具
王建国（2016）	商业模式是为企业与顾客、关联顾客和合作伙伴，在价值网络中共同创造和交易价值达到共赢的网络价值逻辑及相应的交易结构
Schallmo 等（2017）	商业模式是描述了企业向客户和合作伙伴提供哪些价值的基本逻辑。商业模式回答了所提供的价值如何以收入形式流回企业的问题
Teece（2018）	商业模式描述了企业如何为客户创造、交付和捕获价值的框架和机制

资料来源：笔者根据现有研究文献整理所得。

第二，商业模式的构成要素。由于商业模式的概念百花齐放，因此，其核心构成要素及维度也未形成一致（Foss 和 Saebi，2018；Michael et al.，2019），如表 2-2 所示。一些文献从运营活动视角界定商业模式及其构成。例如，Amit 和 Zott（2001，2011）提出商业模式是跨越核心企业边界的运营活动体系，包括交易内容、交易结构和交易治理 3 个要素；又如，Chesbrough（2010）认为商业模式是将技术价值转化为顾客价值的一系列运营流程，包括价值链、价值网络、盈利模式等 6 要素。同样地，魏炜和朱武祥（2009，2012）、沈超红和黄爽（2019）以及刘志迎等（2019）从共生体的视角界定商业模式的本质是基于内外部利益相关者的交易结构，包括了利益相关者、价值和共赢的交易结构三大模块，涵盖六大要素，即定位、业务系统、盈利模式、关键资源能力、现金流结构、企业价值。另一些文献则从价值视角界定商业模式及其构成。例如，Osterwalder 和 Pigneur（2010）提出商业模式是描述价值创造、价值捕获和传递的基本原理或框架，包括顾客层面、价值主张、基础设施、盈利模式 4 个模块，进一步细分为顾客细分、价值主张、客户关系、渠道通路、关键活动、关键资源、关键伙伴、盈利模式、成本结构 9 要素（江积海，2019）。类似地，Teece（2010）、Baden-Fuller 和 Mangematin（2013）等也采纳了与 Osterwalder 相似的定义及构成。

表 2-2　商业模式构成要素

出处	商业模式构成
Peterovic et al.（2001）	价值模块、资源模块、生产模块、客户关系模块、收入模块、资本模块和市场模块
Afuah 和 Tucci（2002）	客户价值、范围、价格、收入、关联活动、实施、能力和可持续性
Morris et al.（2005）	产品、市场、内部能力、竞争策略、经济因素和增长模型
Johnson（2010）	客户价值主张、利润公式、关键资源和关键流程
Osterwalder 和 Pigneur（2010）	价值主张、客户、客户关系、渠道、关键资源、关键活动、关键合作伙伴、成本结构和收入来源
魏炜和朱武祥（2009，2012）	定位、业务系统、盈利模式、关键资源能力、现金流结构、企业价值
Ritter（2014）	核心能力、客户、价值主张和价值创造结果
Furr 和 Dyer（2014）	解决方案（进一步细分为价值主张和定价策略）、成本结构（活动和资源）和客户获取（关系和渠道）
Wirtz（2016）	战略模块、资源模块、网络模块、客户模块、市场报价模块、收入模块、采购模块、财务模块、制造模块

资料来源：笔者在 Arnauld et al.（2019）的基础上，进一步归纳整理所得。

综上所述，商业模式的概念及构成要素学界均未达成共识，本书将商业模式定义为核心企业为捕获商业机会，跨越企业边界，整合利益相关者以满足顾客需求来共同创造价值的相互依赖的交易活动体系，它包括用户模块（顾客的价值主张、客户关系、渠道通路等)、业务活动体系(关键活动、核心资源、核心能力等)、价值网络模块(外部合作生态、网络关系等)三大核心构成模块。

(二)商业模式创新

许多研究商业模式的文章都考虑了其创新(Amit 和 Zott, 2012; Tobias et al., 2019),由于商业模式创新与价值创造相关,因此也带来了广泛的影响(Amit 和 Zott, 2010; Basceanu, 2014; Zott 和 Amit, 2017; Marindra et al., 2020)。加之,随着商业环境的日益全球化(Lee et al., 2013),以及诸如Web 2.0(Wirtz et al., 2010)和现在的数字化技术(Schallmo et al., 2017)的快速发展,产生了创新商业模式的必要性(Amaury et al., 2019),企业甚至将商业模式创新视为建立可持续竞争优势的机会(Teece, 2010; Kurt Matzler et al., 2013)。然而,商业模式创新的术语也是五花八门,具体如下:

一些学者认为,商业模式创新是指某一个或几个构成要素的变化(Amit 和 Zott, 2001, 2011; Frankenberger et al., 2013; Foss 和 Saebi, 2017; Amaury et al., 2019)。例如,Amit 和 Zott(2001, 2011)提出商业模式创新是重新设计或者变革现有的交易活动体系的创新过程,包括内容创新(引入新的交易活动)、结构创新(以新的方式连接活动)、治理创新(引入新的主体)。Osterwalder(2009)认为商业模式创新是发现和更新 9 个不同构成要素的过程。与之相似,Frankenberger et al.(2013)将商业模式创新定义为采用一种新颖的方式来创造和获取价值,这种方式可以通过改变一个或多个商业模式构成要素实现。进一步地,Foss 和 Saebi(2017)认为商业模式创新是对商业模式构成的关键元素或链接这些元素的体系结构进行更改或重新设计。在此定义基础上,Selma(2019)指出商业模式创新存在于商业模式各个构件和整个体系结构中。

另一些学者认为,商业模式创新涉及商业模式的整体变化(Schneider 和

Spieth，2013；Spieth，2016）。其描述的是开发一个对企业（Björkdahl 和 Holmén，2013）或整个行业（Santos et al.，2009；Schallmo 和 Brecht，2010；Foss 和 Saebi，2017）来说，都是全新的商业模式的过程（Berglund 和 Sandström，2013；Matzler et al.，2013；Michael et al.，2019），是取代或改变企业现有商业模式的一项创新计划的结果（Mitchell 和 Coles，2003；Lindgardt et al.，2009），强调“与其更好，不如不同”（Casadesus-Masanell 和 Zhu，2010）。这样的变化可能包括价值链或价值主张（Wirtz，2011；Matzler et al.，2013），并且顾客和合作伙伴能观察到这些变化（Bouwman et al.，2017）。也有国内外的学者从价值的视角，指出商业模式创新是指企业遵循新的主导逻辑来创造、传递和分配价值的创新范式（Osterwalder，2009；Amit 和 Zott，2012；Teece，2010；江积海，2019）。

近年来，国内外学者也越来越关注智能互联网等数字化技术和消费升级趋势下，商业模式创新的研究议题。现有研究指出：

第一，用户价值主张从功能型向情感型升级（Osterwalder et al.，2016），体验、情怀、调性成为价值主张的关键词（江积海等，2019，2017，2016）。商品已超出作为物的产品范畴，更多是源于场景的数字化独特体验，商品的必需属性被大大降低，个体的“体验”成了新标准（吴声，2015），而重塑消费者体验则成为了企业寻求突破的新爆点（埃森哲，2019）。

第二，价值创造主体由企业主导转向企业与顾客共同主导（Demil et al.，2015），甚至是核心企业与需求侧的顾客和供给侧的利益相关者共同结成的数字化服务网络（Vargo 和 Lusch，2016）。随着互联网、云计算、大数据等信息技术的快速发展和广泛应用，更加强调跨界协同的社会化价值共创（Finsterwalder，2018；简兆权和曾经莲，2018；杨善林等，2016），各利益相关者之间在网络状的生产消费系统中的互动更加频繁，形成整个价值创造网络的系统效应（武柏宇和彭本红，2018；简兆权和曾经莲，2018；易加斌和王宇婷，2017）。

第三，价值创造过程由价值创造转向价值共创（朱良杰等，2017；Vargo 和

Lusch，2016），去中介化、去中心化和去边界化成为关键词。数字世界，顾客与企业之间、顾客与顾客之间的直接互动是价值共创的行为轨迹（孙永波，2018；卜庆娟等，2016；Prahalad 和 Ramaswamy，2004；Vargo 和 Lusch，2004）。而社交媒体和虚拟社群是新的互动方式和价值共创平台的新范式（Ramaswamy 和 Ozcan，2016；Singaraju et al.，2016），企业与顾客、顾客与顾客之间通过线上、线下的资源互动共同创造价值（简兆权等，2018，2015；朱良杰，2017；Singaraju et al.，2016）。价值共创的核心原则在于通过不断地参与和互动来增强竞争力、构建多方的健康关系（孙永波，2018；Akhilesh，2017）。

第四，价值动因由资源或能力要素转向数字化技术驱动下的商业模式构成要素及其相互间的联系（Makhmoor 和 Rajesh，2019；Müller et al.，2018；Amit 和 Zott C.，2015；罗珉和李亮宇，2015）。例如，Müller et al.（2018）指出由于数字化技术这些驱动因素通常涉及商业模式单个构成元素的重大更改或元素新组合之间的相互关系（Kiel，2017），现有文献越来越多地研究商业模式创新的技术驱动力，在工业环境中，这些则被称为遵循工业 4.0 的商业模式创新（Müller et al.，2018；Müller 和 Voigt，2018）。

第五，价值创造客体由交易价值转向使用价值或场景价值（江积海等，2016，2017；简兆权等，2016；Chandler 和 Vargo，2011）。其中，场景价值（ViC）是指特定场景中用户对某一新产品或服务的体验或价值感知，具体体现为用户（消费者、顾客、客户统称为用户）的支付意愿（Chandler 和 Vargo，2011；江积海等，2016，2017；简兆权等，2016）。

二、商业模式数字化路径的文献分析

（一）数字化转型背景

商界、学界和各国政府越来越重视数字经济的发展（Selma，2019），企业数字化转型已成为必然趋势（埃森哲，2018、2019）。在过去的五年中，仅 *Industrial Marketing Management* 就已发表了 100 多篇有关 digitization、digitalization 和 digital 的文章，有关数字化的研究大致可分为四个阶段，如表 2-3 所示，而数字化转型的定义则是百花齐放，尚未达成一致（见表 2-4）。随后，Peter et al.（2019）和 Verhoef et al.（2019）将企业的数字化转型划分为三个阶段：第一阶段，企业主要采用数字技术来更改某些流程，如用数字表格代替印刷物；第二阶段，特定的渠道功能会受到影响，如除实体店外，零售商另增线上渠道（Homburg et al.，2014）；第三阶段，企业则应用数字技术来创新现有的商业模式，以改变其价值创造和捕获的方式，着重于数字能力的建立，并通过特定的数字增长战略来实现增长。

表 2-3　数字化研究阶段

	阶段一	阶段二	阶段三	阶段四
时间	1990 年之前	1990~2000 年	2001~2010 年	2010 年之后
现象	数字化数据	数字化平台和通信	数字效率提高	数字化成为新常态
主要焦点	实验性	去中介	开发	整合
主导活动	数字化技术作为一种新的工作方式和开展业务的方式而被探索	数字技术用于直接以具有成本效益的数字化方式或通过平台与客户建立联系	数字技术用于优化业务流程，主要是提高已知业务流程的效率	数字技术得到广泛应用，并已成为公认的事实，而不是特殊或非同寻常的

资料来源：Ritter 和 Pedersen（2019）。

表 2-4　数字化转型（DT）的定义

出处	数字化转型（DT）的定义	引用次数
Fitzgerald et al.（2013）	DT 是“使用新的数字技术（社交媒体、移动、分析或嵌入式设备）来实现重大的业务改进（例如增强客户体验、简化运营或创建新的商业模式）”	231
Matt et al.（2015）	DT 通过对产品、业务流程、销售渠道和供应链的影响作用于企业绝大部分领域甚至跨越了企业边界	178
Schallmo et al.（2017）	DT 涉及企业、商业模式、流程、关系、产品等	67

续表

出处	数字化转型（DT）的定义	引用次数
Clohessy et al.（2014）	DT 涉及数字技术会带来企业商业模式的变化，从而导致产品或组织结构或流程的自动化变化	58
Angelopoulos et al.（2019）	DT 的定义是将数字技术集成到企业的所有领域，从而导致企业运营方式以及为客户创造价值的方式发生根本性变化	50
Rachinger et al.（2018）	将 DT 定义为对数字机会的利用。通过结合不同的技术（例如云技术、传感器、大数据、3D 打印）进行数字化，带来了无法预料的可能性，并提供了创造全新产品、服务和 BM 的潜力	50
Nandico et al.（2011）	DT 是一种旨在向其客户提供新的或显著增强的产品的企业变革，其中该新产品或增强产品以作为关键推动力甚至是产品一部分的信息技术为基础	32
Bley et al.（2016）	在复杂的价值网络中，DT 使传统价值链的互连性得到增强	23
Gobble（2018）	DT 是指使用数字技术以及可能的数字化信息以新的方式创造和获取价值	16
Haffke et al.（2016）	DT 凸显了企业数字化技术的变革性，特别是在长期有着非数字化历史的大型公司中。具体来说，DT 涵盖了销售和沟通渠道的数字化，这些渠道提供了与客户互动和参与的新的方式，以及公司提供物（产品和服务）的数字化，从而取代或增加了实物产品	9
Nwankpa et al.（2016）	DT 被定义为由数字化创新推动的向大数据、数据分析、云、移动和社交媒体平台的一种组织变革	9
Roedder et al.（2016）	DT 启用了新的商业模式，该模式依赖于以数据分析为基础的自动决策。除了全新的商业模式之外，现有行业还可以以数据分析、预测和决策支持为基础，为客户提供新服务并改善内部流程	8
Horlacher et al.（2016）	DT 不仅将资源数字化，而且还涉及关键业务运营、产品和流程的转型，最终形成修改后的或全新的商业模式	6
Kokkinakos et al.（2016）	DT 是技术和商业模式的重组或新的投资，以在客户体验生命周期的每个接触点更有效地吸引数字化客户	6
Corejova et al.（2016）	DT 代表了组织变革，该变革是与数字技术的使用和商业模式相关的，以提高绩效	4
Hrustek et al.（2019）	DT 是文化和组织变革的结果，这些文化和组织变革需要互连使用新的数字技术来进行重大改进，例如改善用户体验、合理化业务运营以及创新产品/服务和商业模式	2

资料来源：笔者在 Schallmo et al.（2017）的研究基础上进一步归纳、拓展。

也有学者从数字技术的功效视角指出数字化转型是企业变革的驱动力（Unruh 和 Kiron，2017；Michael et al.，2019），通过将数字技术集成到企业所有领域，从而导致企业运营方式以及为客户创造价值、传递价值和捕获价值的方式发生根本性变化（Gobble，2018；Haffke et al.，2016；Angelopoulos et al.，2019；Hrustek et al.，2019）。具体体现在三个不同的层次（Matzler et al.，2016；Amaury et al.，2019）：第一，产品或服务的数字化。包括物联网（IoT）和智能设备（Matzler et al.，2013），如吸尘器机器人、数字恒温器等，甚至足球也可以通过集成传感器进行数字化，以捕获有关击球强度、轨迹和旋转或速度的数据（Matzler，2016）。第二，流程和决策的自动化。这与工业4.0、大数据、算法和人工智能等数字技术密切相关（Kagermann et al.，2013；Matzler，2016）。第三，建立全新的数字化商业模式（Amaury et al.，2019；Tobias et al.，2019）。新的商业模式是企业进行数字化转型的重要方法和结果（Selma，2019；Ibarra et al.，2018；Hess et al.，2016），以新的方式创造、传递、捕获价值显得至关重要（Matzler et al.，2013）。

（二）商业模式数字化路径

商业模式数字化位于企业数字化转型的第三层次，学术界对企业界如火如荼的商业模式数字化现象也越来越关注（Ritter 和 Pedersen，2019）。在 Teece（2010）以及 Peter et al.（2019）等研究的基础上，本书将商业模式数字化定义为通过使用数字化技术部分或整体更新商业模式的构成要素，以采用新的业务逻辑来为利益相关者创造、传递和捕获价值，从而引入新的商业模式的过程就被称为商业模式数字化，而这种新的商业模式就被标记为数字化商业模式。Cozzolino et al（2018）指出尽管数字化转型变得日益重要，但企业如何调整其商业模式仍然缺乏关注，即商业模式如何数字化仍有待进一步研究，而已有的相关研究主要体现在以下两方面：

第一，一些文献探讨了用户实现数字化以及对创新绩效的影响。一方面，数字技术打破了创新的原有边界，纳入了更多的创新主体，企业通过数字化平台让外部重要的创新伙伴，如用户、供应商和竞争对手等参与到其创新过程中（Nambisan et al.，2017、2019；柳卸林等，2020），这成为了数字化时代重要的创新形式（柳卸林等，2020）。例如，Turetken et al.（2019）指出，数字化使顾客、企业两者由过去相对割裂的、封闭的、被动的关系，转变为融合的、开放的、主动合作的关系；肖静华等（2020）通过双案例对比分析的方式，发现大数据环境下，普通的顾客可以通过数据化的方式参与到企业的研发创新中，并且通过对顾客的大数据分析和挖掘，有助于企业的数据驱动型和数据支持型的研发创新；解学梅和王丽君（2019）则基于在线社区视角，通过问卷调查的方式，实证研究发现用户参与能正向促进企业的新产品开发，同时用户的知识的贡献在二者的关系之间也起到了正向调节作用。另一方面，有学者指出数字化通过深入了解用户的行为习惯和个性化需求、对顾客行为做出预测和挖掘其潜在需求等（Lee et al.，2018；陈冬梅等，2020），有助于为企业提供更为精确、完整的用户画像，从而实现产品或服务的千人千面、一人千变的大规模定制（周文辉等，2018）。

第二，另一些文献则探讨了大数据对业务的驱动和绩效的影响。一方面，如产品创新等业务活动已实现数据驱动。例如，刘意等（2020）以韩都衣舍为研究对象，采用单案例研究法，提出了由数据驱动的产品研发转型范式的框架模型，以此探讨了产品的研发如何由传统以经验为基础的范式向以数据驱动的范式转变。谢康等（2020）基于产品创新视角，通过实证研究发现，数据已经成为数字化转型必要的生产要素之一。另一方面，也有学者将大数据提升到能力层面，认为仅投资大数据资源并不能带来绩效的直接改善，形成大数据分析能力是首要条件（谢康等，2020）。例如，Amit 和 Xu（2017）认为大数据分析大大提高了企业挖掘需求和资源利用的能力，而数字化则使计算能力得以提高，这样提高了利用现有资源的效率，并释放了其创造价值的潜力；李文等（2020）则在新零售情境下，采用双案例比较研究法，探讨了大数据能力对商业模式创新的影响路径及机理问题，指出了对数据资源等的深度分析能力和实时洞察与预测能力的重要性。另外，也有学者探讨了大数据对决策的影响。例如，陈国青等（2020）从范式和创新的角度总结了大数据所起到的使能作用，并指出，在大数据情境下，传统的决策范式受到了冲击，大数据正在重塑管理决策的过程、业务模式的创新以及价值创造的方式。刘业政等（2020）则构建了挖掘商业价值的大数据分析范式，并提出了 4C 模型：大数据间的协同、计算间的协同、分析间的协同和人机协同，同时指出大数据中蕴含着支持科学决策的巨大价值。此外，还有学者从需求预测、供应链重构、产品设计等角度，探讨了数字化如何为企业运营赋能，以提升运营效率，从而更好地满足用户需求，促进价值创造（陈剑等，2020）。

通过上述文献可知，有关商业模式如何数字化已有一定的研究，但仍存在以下不足：

第一，商业模式作为一种系统架构，不能仅从某个单一视角进行分析（李文等，2020），对商业模式数字化的路径和过程进行系统的研究显得尤为必要。原有用于孤立的分析框架，从用户、业务等单一的层面来探讨数字化路径，难以全面解释商业模式如何数字化的问题，因此需要系统地构建整合的理论框架来描述商业模式数字化的具体路径。

第二，商业模式数字化路径与价值创造间的关系仍不明朗，仍然缺乏大样本实证研究（Schneider 和 Spieth，2013；Kretschmer 和 Claussen，2016；Wu et al.，2020）。尽管现有研究已充分论证了企业应用大数据将获得的潜在益处，但大量企业仍无法通过使用大数据提高其创新绩效（Wu et al.，2020），超过 60%的企业大数据项目无法跨越实验与融合阶段并最终被放弃（谢康等，2020）。同样，董晓舟和晁钢令（2018）指出虽有 45.3%的企业采用了 O2O 融合的战略，但是否能正向促进企业的经营绩效，迄今为止还缺乏实证检验，线上线下协同效应产生的机制也尚待探究。此外，对价值的度量，少量文献采用了创新绩效，较少结合数字化情境，借助用户层面的参数或数据（如用户活跃度、复购率），运营层面的参数或数据（如转化率、净推荐值）验证商业模式数字化路径对价值创造的影响。

第三，研究对象上，不同行业的比较分析仍显不足（陈冬梅等，2020）。有学者明确指出已有研究更多是集中于单一行业的数字化转型（Kretschmer 和 Claussen，2016），而对不同行业的比较分析则显得不足（陈冬梅等，2020）。更少结合数字化的发展、中国消费升级的市场变化以及传统企业数字化转型的现实情境，提出通过商业模式数字化创新来实现跨界发展或数字化转型升级的对策和建议。

三、价值创造的文献分析

价值是在服务生态系统中，由顾客和各参与者动态多层次互动共同创造的，是指某种效用，与经济收益、租、红利、竞争优势、企业绩效等概念既有关联又相区别。价值创造是商业模式的核心，也是反映其独特性的重要环节（Zott 和 Amit，2008；Teece，2010）。梳理现有研究，价值的分类如下：

第一，交易价值（Value-in-Exchange，ViE）与使用价值（Value-in-Use，ViU）。从新古典经济学出发，Brandenburger 和 Stuart（1996）界定总价值等于顾客支付意愿减去机会成本（见图 2-1）。Bowman 和 Ambrosini（2000）把组织层面的价值划分为两类：交易价值是顾客在产品或服务的购买过程中实际支付的价格；而使用价值则具有主观性且会因人而异，是指顾客对满足其需求的产品或服务的感知效用，体现为顾客的支付意愿，即顾客从产品或服务中所感知到的全部收益——所得（get），与其在获取过程中所支付的全部成本——付出（give）相比较，对其效用的总评价（Caroline et al.，2019）。Bettencourt et al.（2014）则认为交易价值是在某个具体的时间点上，产品或服务在交易时产生的具体货币量，而使用价值同样被界定为在顾客主观性和个性化体验基础上的支付意愿。Garcia-Castro et al.（2014）则将其他利益相关者纳入考虑，并从价值分配视角将价值创造结果分为了企业价值、伙伴价值和顾客价值（Tantalo et al.，2016），而总的价值则等于顾客支付意愿减去机会成本（Brandenburger 和 Stuart，1996），如图 2-2 和图 2-3 所示。

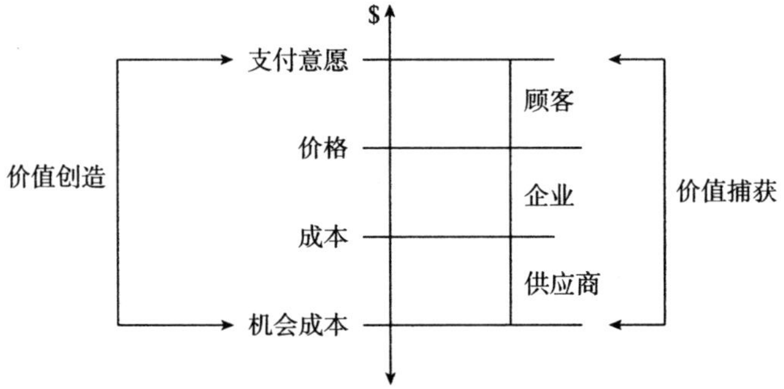

图 2-1　价值创造=支付意愿-机会成本

资料来源：Brandenburger 和 Stuart（1996）。

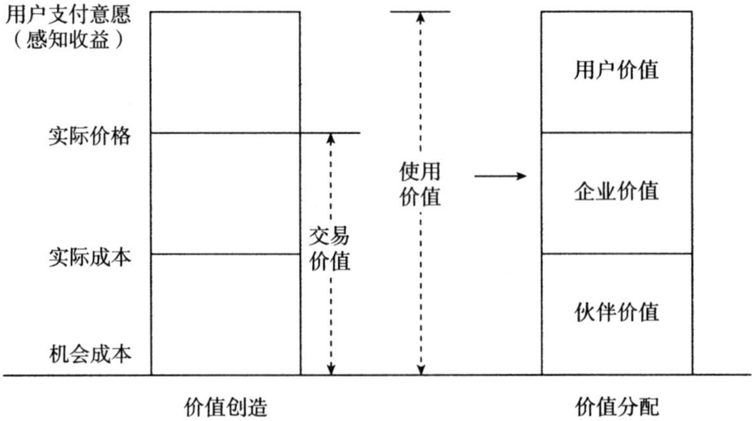

图 2-2　价值创造与分配

第二，场景价值或情境价值（Value-in-Context，ViC）。场景（context）原指戏剧、电影中的场面，是指在特定的时间、空间内发生的特定的任务行动

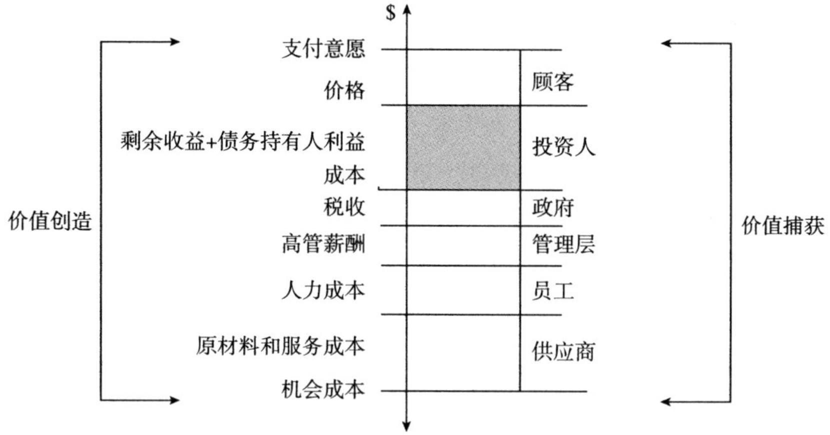

图 2-3 价值创造和利益相关者间的价值捕获

资料来源：Roberto 等（2014）。

或因人物关系所构成的具体生活画面（江积海，2019）。Vargo 和 Lusch（2008）指出价值总是由受益人独特的现象学（phenomenological）的方法决定，之所以用“现象学”一词是因其体现了价值因人因时因场景而异，顾客的感知价值是基于特定情境的（Tantalo et al.，2016）。进一步地，有学者认为场景是在特定时间、空间内发生的企业和用户行为，或者因企业与用户的关系所构成的具体画面，是通过企业或用户行为来表现商业模式的一个特定过程（王瑜，2016；江积海和廖芮，2017），而价值共创互动行为，促使顾客在认知和情感上做出投入（Brodie et al.，2013；Chan 和 Li，2010），有利于提升顾客的感知价值（情感价值和功能价值）（Park 和 Han，2013）。朱良杰等（2017）指出在服务主导逻辑视角下的价值共创中，价值不再被定义为由企业控制且单向传递的交换价值，而是消费者基于具体使用场景在消费过程中产生的使用价值。与之类似，简兆权和曾经莲（2018）指出顾客越来越多地关注产品或服务的个性化特征和独特体验，不再仅仅满足于传统销售模式下所获得标准化产品的使用价值。

综上所述，价值创造结果主要分为三类，如图 2-4 所示。交易价值（ViE）是凝结在商品中的抽象劳动；使用价值（ViU）是顾客在主观上对产品/服务产生的收益感知，而场景价值（ViC）是顾客在主观上对产品/服务在具体的应用场景中所感知到的收益，价值源于特定用户在特定时刻、特定地点、特定事件背景下共同创造的体验（江积海，2019）。

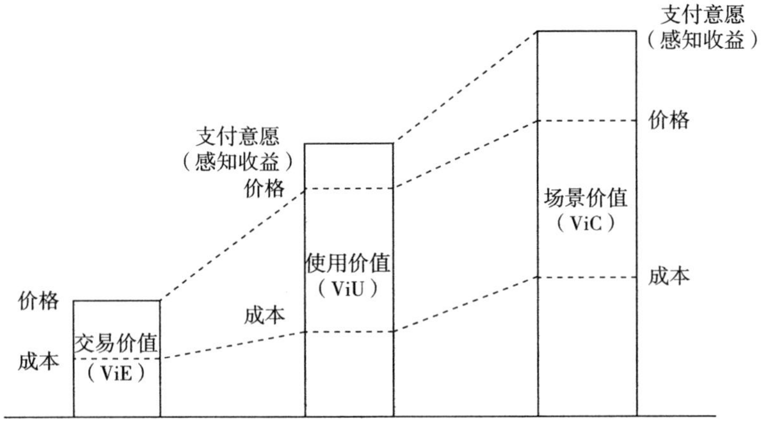

图 2-4　价值创造结果分类

资料来源：江积海（2019）。

由于商业模式数字化与价值创造间的关系是本书将要重点探讨的内容，交易价值（ViE）、使用价值（ViU）和场景价值（ViC）这三类价值，所强调的价值创造均具有主观性和场景依赖性的特点（尤其是后两者），使捕捉其中的信息较为困难。因此，在后文的案例研究部分主要从三个方面度量价值创造：第一，用户层面的参数，如用户数量、获客成本、年平均活跃数、用户黏性等；第二，运营过程的参数，如转化率等；第三，结果性参数，如行业地位、净利润、股东权益等传统财务指标。实证研究部分则采用与企业价值相关的结果性参数来度量被解释变量，即通过对国泰安数据库的相应样本数据进行主成分分析，提取出三个测量变量，运营能力、盈利能力和发展能力分别度量企业价值。

四、平台理论

平台理论最初是由 Rochet 和 Tirole（2003）以及 Gawer 和 Cusumano（2002，2003）等在对双边市场的研究中提出，发表了开创性的论文。在双（多）边市场里，在设定相应合理规则下，联结不同用户群形成完整网络的产品和服务称为“平台”（吕尚彬和戴山山，2016），如电脑操作系统、门户网站等，也包括了数字环境中的多边平台，常见的是 B2B 和 B2C 平台以及大量的移动 APP 平台等（朱良杰、何佳讯和黄海洋，2018；Tan et al.，2015）。与传统的市场或组织不同，它联结了产品（服务）交易或信息交互的供求双方或多方，具有双边或多边的市场特征（Zhu 和 Furr，2016），其所起的作用类似于“红娘”或“中枢”（刘启和李明志，2008），同时创造出各方无法独自存在而产生的价值，如淘宝连接了买家与卖家、Facebook 和微信连接了人与人（陈威如和徐玮伶，2017）。

如今，随着 Uber、Facebook、海尔等平台型企业的兴起，平台作为一个新兴领域，在产业实践中日益占据着主导地位（王节祥和蔡宁，2018），企业间的竞争也越来越呈现出平台型网络竞争的态势（Eisenmann et al.，2006；Hagiu et al.，2009；魏江和黄学，2014；Mcintyre et al.，2017）。在“互联网+”的战略大背景下，“平台”成为了竞争至关重要的关键节点（刘洋和谢丽，2017），是竞争优势来源的重要途径之一（王凤彬等，2019；张小宁，2014；张小宁和赵剑波，2015）。随着互联网等技术的快速发展，当前平台研究正在朝着以价值网络为中心的方向发展（Mcintyre et al.，2017），并以生态系统的形式运行，除连接供需双方外，还聚集了更多的利益相关主体，如政府、互补方（蔡宁，2015）、社会组织等（Makinen et al.，2013）。数字化技术使平台打破了交易对时间和空间的约束，拓展了交易时间（岳云嵩和李兵，2018），彼此分割又彼此依赖的群体被集合在一起，形成了低成本、高效率的点对点网状联结（岳云嵩和李兵，2018）。

（一）平台最基本的特征——网络效应

与单边市场相比，平台企业服务的对象是双（多）边顾客，因此区别于传统市场的最根本的特征是网络效应（肖红军和李平，2019；张一进，2018；Evans，2003），即同边网络效应和跨边网络效应是平台运营的关键所在，也是竞争优势的主要来源（徐欣慧，2019；张小宁，2014），这种网络效应产生于供应方与需求方间的相互依赖（Zhu 和 Iansiti，2012）。

具体地，同边网络效应是指网络一方群体规模增大时，会影响到另一边群体的价值升高或降低，若价值升高，则为正同边效应；若价值降低，则为负同边效应（程卫超，2015）。跨边网络效应指平台一边的用户使用数的多少会影响到另一边使用该平台的用户所获得的效用（席海婷，2018；张达，2015），若影响为正，则为正向的跨边网络效应，反之则为负向的跨边网络效应。平台企业需要构建能够激发网络“正效应”的机制，比如在平台搭建的初期、发展期、成熟期等不同阶段应如何实施对一方或多方用户的价格补贴，这对平台企业的发展起着决定性的作用（程卫超，2015；Gawer 和 Cusumano，2002；Evans 和 Schmalensee，2007），平台对网络两边的用户需求匹配越好，其具有的价值就越大，从而出现强者恒强、赢家通吃的局面（龚丽敏和江诗松，2016；陈武和李燕萍，2018），这一点使平台企业与传统的制造业或服务业企业非常不同。互联网等数字化技术也打破了时间和空间的限制，平台企业所具有的网络外部性特征也打破了传统的规模报酬递减规律，使规模报酬递增成为可能（Gawer et al.，2014；王海杰和宋姗姗，2019）。

平台所带来的强网络效应和高转换成本，能够为平台企业搭建进入壁垒和抵御潜在进入者威胁的有效屏障，为了克服进入壁垒，新平台提供者必须能够提供革命性的服务和功能（Geoffrey，2019；吕尚彬和戴山山，2016）。平台的质量、网络效应和消费者的预期是三个影响新进入者能否取得成功的关键因素（Zhu 和 Iansiti，2012）。由于网络外部性、赢家通吃所产生的新的垄断力，也经常出现更加优越的新平台替代老平台。

（二）平台型企业的价值创造与价值实现

平台型企业是一种不同于传统单边企业的一种新的企业形式。在传统企业中，价值的创造一般是沿着价值链从左向右边变动的，即左边是成本，右边是收益，而在平台企业中，成本和收益同时来源于双（多）边用户群体（王娜，2016）。这种由于底层的商业逻辑的变化而带来的商业模式变革，直接导致单边市场中企业价值创造和实现的逻辑不再适用。具体体现在以下方面：

第一，互联网等数字化技术打破了物理时空约束，使得平台型企业价值创造与价值实现不同于工业经济时代下的传统单边企业。冯华和陈亚琦（2016）研究指出互联网等数字化技术打破了物理时空约束，使经济时空与物理时间的契合度要求越来越弱化，交易场所、交易时间、交易环节、交易速度都被改变，释放出巨大的经济价值。由此平台型企业在价值创造和价值实现上给传统企业带来了颠覆性的影响（冯华和陈亚琦，2016）。加之，在双（多）边市场环境下，网络外部性与单边市场不同，这种外部性不仅取决于市场同一边的用户群，另一边用户群也同样起着决定性的作用，这就彻底改变了传统企业价值创造和价值实现的模式（王娜，2016）。在互联网环境下，与受限于物理时空的传统零售平台组织相比，无限的经济时空聚合了大量的买卖双方，使得产生的网络效应更加强烈，从而使得平台型价值创造与价值实现，由重视供给方的规模经济与范围经济转向了供需双方的集聚经济，平台上双（多）方的良性互动并由此产生的空间效应是促进其创新商业模式的关键原因。

第二，平台价值创造的来源主要是网络效应。传统单边企业遵循的是线性的价值逻辑，企业价值创造直接来源于为特定的顾客群提供能满足其需求的产品和服务，与之不同，平台型企业的价值创造和竞争优势则直接来源于网络效应，并且受到用户规模和关系强度的双重影响（Astyne M.，2016），其价值来自多方互动（Geoffrey P. et al.，2019；朱良杰，2018）。聚集在平台上的用户群体越多，他们之间所建立的关系规模越大，彼此间关系的密度越强，越有利于降低交易成本和平台主体之间的资源共享（江积海和李琴，2016，2017），以此驱动价值创造，所带来的网络价值也就越大，由此平台提供者也能够向用户提供更低价、更优质的服务，这又会吸引更多的用户入驻，网络效应进一步强化，最终完成价值的正向反馈（Zarakas，2017）。有学者也明确指出，平台价值创造过程实际上是如何构建和发挥网络效应的过程（Evans 和 Schmalensee，2007；Iansiti 和 Zhu，2007），但网络效应的发挥也会受到平台的价格机制、信息技术能力、用户群体的参与度等内外部因素的影响，进而也会影响到平台价值创造。

第三，平台价值创造的主体不再是单一的企业，而是由利益相关者群体构成的价值共创生态圈。从企业价值创造逻辑看，产品价值创造更多遵循的是线性价值链，更倾向于资源控制型（Edelman，2015），而平台具有跨越企业边界、市场边界、物理时空约束的网络效应，更多体现的是网络、生态上的竞争，也更加强调开放性和协同性的特性（Geoffrey，2019；Astyne，2016）。由此可见，平台型企业价值创造的主体并非单一的企业，而是由众多利益相关群体聚合而成的价值共创网络生态圈（朱良杰等，2018；Iansiti et al.，2004；江积海和李琴，2016），单独的用户或单独的供给方都不具有任何意义（马艳，2016）。这些利益相关者涵盖了平台提供者，供给侧的供应方、互补方，需求侧的用户群体、政府等多个主体，由这些价值创造主体交互形成了多位一体的价值共创网络，打破了传统线性、封闭的价值创造逻辑（朱芳芳，2018；马艳，2016；赵振，2016）。

实际上，平台型企业价值实现的过程就是众多价值主体交互连接的价值共创过程（罗珉和李亮宇，2015）。随着入驻平台用户群体数量的增加、平台借助互联网等数字化技术所打破的物理时空在虚拟空间上的无限延伸、正反馈的网络效应促进平台规模的不断扩大，平台提供者向各用户群体提供服务的边际成本会不断下降，并最终趋近于零，这又会捕捉到更多的价值客户，用户对平台的认可度、忠诚度等会不断提高（江积海和李琴，2016；马艳，2016），这就颠覆了传统企业的边际报酬递减规律，使边际收益呈递增趋势。平台型企业的价值创造和价值实现如图 2-5 所示。

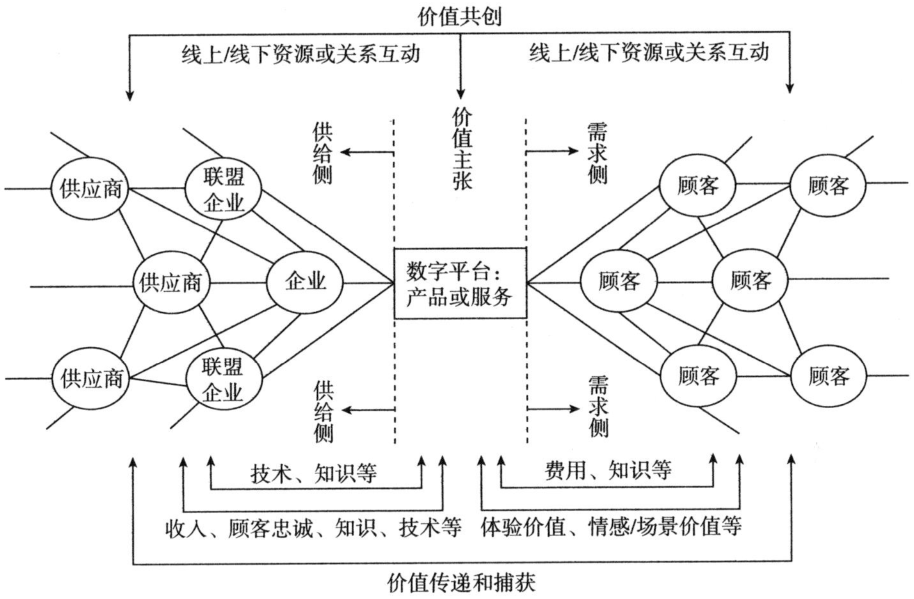

图 2-5　平台型企业的价值创造和价值实现

五、价值共创理论

（一）服务主导逻辑视角下的价值共创

价值共创的早期思想萌芽于共同生产，正式开始于顾客体验视角，发展于服务主导逻辑（简兆权、令狐克睿和李雷，2016，2017，2018）。Vargo 和

Lusch（2004）首先提出服务主导逻辑和价值共创 4 条原理，后来在 2008 年，将其拓展为 10 条原理，到 2016 年，又将其修订为 11 条原理，强调服务是一切交换的基础，价值创造产生于产品或服务的使用过程，且源于核心企业与顾客之间的直接互动以及对利益相关者的资源整合（江积海，2019）。随后，学者们纷纷基于不同视角对价值共创概念进行界定（Vargo et al.，2008；Gebauer et al.，2010；Aarikka-Stenroos 和 Jaakkola，2012；Lambert 和 Enz，2012）。例如，Christian 和 Annika（2011）将价值共创视为利益相关者参与的二元关系互动；Grönroos 和 Voima（2013）以及杨学成和涂科（2017）则将价值共创定义为企业与顾客之间通过直接互动共同创造价值的过程。服务主导逻辑视角下的价值共创的核心观点如下：

第一，顾客的角色由商品主导逻辑下的价值消耗者或毁灭者，变为服务主导逻辑下的价值共同创造者。商品主导逻辑认为企业提供产品单独创造价值，与顾客之间无直接的互动，顾客只是被动接受、单纯的价值消耗者（武柏宇和彭本红，2018；张一进，2018）。但服务主导逻辑下顾客作为可操作性资源，具有知识和技能等，通过与企业直接的互动来共创价值，是价值的共同创造者（简兆权等，2016，2017，2018）。无论是线上还是线下的价值共创都需要顾客投入其中，并且顾客的地位显得越来越重要（武文珍和陈启杰，2017；万骁乐等，2017）。价值的创造来自客户和企业的共同生产过程，客户通过参与企业的生产过程与企业各方建立互动关系（孙永波，2018），并将其拥有的知识资源、能力、经验、情感等应用于产品或服务的实际使用过程，为自己创造使用价值，成为价值的主创者或共同创造者（Vargo 和 Lusch，2004，2008，2016；Fyrberg 和 Yngfalk，2013；Prebensen 和 Xie，2017；孙永波，2018）。因此，消费者与企业两个系统在企业产品研发、生产和销售等环节进行信息交换和互动中逐步交互融合（Wayne，2010），顾、企两者由过去相对割裂的、封闭的、被动的关系，转变为融合的、开放的、主动合作的关系（Turetken et al.，2019；卜庆娟，2017；万骁乐等，2017）。

第二，互动是价值共创的核心内容。顾客与企业之间、顾客与顾客之间的直接互动是价值共创的行为轨迹（Prahalad 和 Ramaswamy，2004；Vargo 和 Lusch，2004；卜庆娟等，2016；孙永波，2018；何地，2018）。价值共创的核心原则就在于通过不断的参与和互动来增强竞争力、构建多方的健康关系（Akhilesh，2017；孙永波，2018）。最早在 Prahalad 和 Ramaswamy（2004）所提出的有关价值共创的 DART 模型中，对话（Dialogue）和获取（Access）两个推动价值共创的关键要素也说明了互动的重要性。随后，学者们从不同的角度展开了进一步的陈述。价值共创是在供给侧的产品或服务的提供者与需求侧的消费者在直接交互中的联合行动（Grönroos，2008，2012，2013；吴瑶等，2017；何地，2018）；消费者的个性化体验是价值共创的基本单位（Grönroos，2008；周文辉等，2017）；顾客和企业的互动是价值共创的行为基础和必要条件（武文珍和陈启杰，2017）；而个性化互动则是价值共创的途径和场所（牛振邦等，2015）；资源交互是价值共创的重要资源配置方式（Lusch 和 Nambisan，2015）。

第三，数字化技术深刻地改变了顾客参与价值共创的深度和方式。第三次信息工业革命驱动了 ABCD 等数字化技术的飞速发展（易加斌和王宇婷，2017），增强了消费者的权利地位（朱良杰，2017；吴瑶等，2017；简兆权和曾经莲，2018），也使顾客参与到企业产品和服务创造过程的程度日益加深（杨学成和涂科，2017）。随着互联网、移动互联网等的出现，消费者对在线共享内容越来越感兴趣，比如聊天室、博客、社交网络等（Valck，2009），加上社交媒体和虚拟社群（Ramaswamy 和 Ozcan，2016；Singaraju et al.，2016），使企业与消费者之间产生了新的互动形式和价值共创平台（Brodie et al.，2013）。同时，网络共享内容使消费者成为沟通过程中的积极参与者（Prahalad 和 Ramaswamy，2004）。因此，顾客也被视为企业最相关的利益相关者（Dessart 和 Morgan，2015；Calder et al.，2013），他们可以利用自身的知识、技能和社会资源，通过线上、线下的资源互动、关系互动等来共同创造价值

（Vargo 和 Lusch，2004；简兆权和肖霄，2015；简兆权和曾经莲，2018），并且也能提高顾客对产品或服务的功能体验和情感体验（孙永波，2018）。

（二）服务生态系统视角下的价值共创

随着 ABCD 等数字技术的快速发展和广泛应用，价值网络中各节点企业在网络状的生产消费系统中的互动更加频繁，企业的竞争与发展必须基于生态系统的观点，并更加强调跨界协同的社会化价值共创（王海杰和宋姗姗，2019；张骁等，2019；Finsterwalder，2018；简兆权和曾经莲，2018；何地，2018；杨善林等，2016）。Vargo et al.（2010）将这种由价值网络中的各参与者在价值创造活动中彼此对话、互动、协作、资源共享等，促进整体的价值创造，并通过相应的制度安排实现关系的治理以及价值的分配和获取，而相对独立且能自我调节的系统则被称为服务生态系统（Chandler 和 Vargo，2011；简兆权和曾经莲，2018）。在此系统中，各主体主动或被动地嵌入网络平台，可采用杠杆化手段，利用其他主体资源，突破能力界限，以实现互补共创、模块化耦合共轭、无边界发展、价值创造活动同步同频等，形成整个价值创造网络的系统效应，与此同时，企业间的竞争也转向以平台企业为中心的生态系统间的竞争（Turetken et al.，2019；Geoffrey et al.，2019；武柏宇和彭本红，2018；易加斌和王宇婷，2017）。由此可见，在服务主导逻辑基础上发展而来的服务生态系统则从更宏观复杂、A2A（Actor-to-Actor）导向的、松散耦合的动态网络系统层面研究价值共创问题（Vargo 和 Lusch，2010，2011，2016；简兆权等，2016；令狐克睿和简兆权，2017），研究的视角也从基于顾客和企业的二元视角，转向包含多个参与者在微观、中观和宏观等多层次互动的网络视角，以此实现价值创造（Frow et al.，2014），如“产品+服务+体验”的企业—顾客互动模式是网络平台的典型创新模式（武柏宇和彭本红，2018），这也更符合当前互联网环境的需求。

六、价值网理论

Adam Brandenburger 和 Barry Nalebuff 于 1996 年在其著作 *Co-opetition* 中最先提出了价值网的概念，书中所强调的共生网络的本质就是价值网络。价值网是由彼此独立的供应商、顾客、竞争对手等通过信息技术加以联结，以满足市场需求为目的的临时组织（孙守恒，2019；Davidow 和 Malone，1992）；是由任务活动专门分工或具有独特技能的相互独立又相互依存的利益相关者（孙守恒，2019；Achrol 和 Kotler，1999），以及他们之间的信息流所构成的，并且不断动态演化的企业内、外部网络相互连接的动态网络（Achrol 和 Kotler，1999；荀昂等，2005；孙华平等，2012）；是以顾客为核心，通过对传统线性的价值链进行解构并重新整合而形成的一种新的且更具竞争力的价值创造系统（王雪冬等，2019；刘向东和陈成漳，2016）。

互联网、大数据等数字化技术的出现，改变了企业间的竞争格局，从单个企业参与市场竞争转化为由众多利益相关者构成的网络组织间的共同协作，形成了网络竞争格局（Kaisa 和 Virolainen，2011；金帆，2014）。新兴的价值网理论将企业发展的关注点由企业自身转向整个价值网络（于鲲鹏等，2017；刘向东和陈成漳，2016）。因此，对价值创造更“全观”的理解从企业层面的资源基础观（RBV）走向了网络层面；从基于竞争思维来分配价值的价值链视角走向创造价值的价值网络视角（李靖华、林莉和闫威涛，2017）。数字化时代，价值网倾向于核心能力或资源的优势互补，也更加强调利益相关者间的价值共创与价值共享（耿童童，2017），呈现出了以下新特征：

第一，价值网络中的所有活动真正实现了顾客驱动。互联网、大数据、物联网等数字化技术的飞速发展（易加斌和王宇婷，2017），增强了消费者的权利地位（朱良杰，2017；吴瑶等，2017；简兆权和曾经莲，2018），顾客参与到企业产品和服务创造过程的程度也日益加深（杨学成和涂科，2017）。由于顾客在价值网中处于核心地位（Bovet，2001），以大数据为基础，对顾客的行为习惯、个性特征等进行精准画像，从而真正实现价值网络中的所有活动都是为顾客服务的，并且能够做到向客户让渡出更大价值（张一进，2018；Bovet，2001）。客户需求即价值主张，是整个环形网络的触发器，是最核心的环节。在价值网络中各参与主体的关键活动均围绕顾客价值的实现来加以展开，只有整个价值网络的参与者均能贡献符合用户价值的能力，整个价值网才能行之有效（耿童童，2017）。

第二，以模块化为基础，价值创造活动实现深度专业化分工。价值网具有核心资源模块化的特点，可将其集聚的优势网络资源进行标准化处理与模块化设计，并将传统网络中的实体价值模块拓展到以知识、信息、能力等为内容的虚体模块（刘建花，2012）。价值网的本质是在专业化分工的生产服务模式下，通过一定的价值传递机制和相应的治理框架，由处于价值链上具有某种专用资产的企业及相关利益者，以共同为顾客创造价值为目标，构成一个动态的价值交换系统（李靖华，2017；江积海，2009）。互联网等数字化技术的应用促进了传统以价值链为分工单元，向在价值链内部的价值创造环节上的深度专业化分工转变，再进一步实现价值创造活动的专业化集成，以此形成价值网，而互联网等数字化技术的应用促使信息共享、顾客需求的快速响应以及市场交易成本的大幅下降是这一分工深化得以实现的原因，也是价值网形成的内在动因（刘向东和陈成漳，2016）。

第三，在大数据、移动互联网等数字技术的帮助下，网络效应进一步增强，实现边际报酬递增。数字化技术的快速发展，使参与主体的生产、制造、消费等关键活动更多依赖于网络信息平台，而由此产生的海量信息和数据则在很大程度上改变了企业和消费者的行为方式，企业对数据管理、分析以及价值的深度挖掘能力成为了企业的核心竞争力（程立茹，2013）。价值链注重通过规模生产实现规模经济的方式来降低成本，而价值网则更加强调以顾客需求为基础的定制化生产。即借助大数据等数字化技术，通过实时深入观察、分析用户个性化需求及行为等特征，再将整合的数据和信息精准、及时地传递给网络相应的节点企业（于鲲鹏等，2017），并与利益相关者之间实现网络化运营等，剔除了很多不必要环节，快速高效地联通、协调并指导各节点企业开展活动以及资源共享（王树祥等，2014），来实现更高效、更低成本的顾客定制化。因此，对于用户需求变化的响应，价值网可以做到敏捷且可伸缩，整个价值网活动过程更加高效且成本更低，进而吸引更多参与者加入，网络外部效应大大增强，这种边际效益递增现象则不同于传统经济的边际效益递减（杨德明和刘泳文，2018；程立茹，2013）。

七、研究评述

ABCD 等数字技术深刻地改变了企业发现和利用商机的方式，重塑了企业的商业模式。与商业模式数字化相关的已有研究，主要围绕商业模式数字化的概念内涵、构成要素、影响作用，以及与价值创造间的关系等方面，但仍存在以下不足之处：

第一，数字化商业模式对价值创造的影响途径并不明确，作用机制尚不清晰。虽然部分研究指出商业模式数字化能对未来绩效产生积极的影响，也能对业务绩效产生直接或间接的影响，但是我们对企业能否真正从商业模式数字化创新中获益仍然心存困惑，并且商业模式数字化的具体路径和对价值创造的影响机制，仍有待进一步探究。

第二，情境化研究仍然有待加强。虽已有少量研究开始关注到数字化情境，但现有研究对数字化情境下的商业模式数字化的关注仍然欠缺。特别是中国传统企业数字化转型特殊情境下，企业能否真正从商业模式数字化中获益？与工业经济情境相比，数字化情境下的价值创造又有哪些新的特征？

第三，缺乏整合的理论基础来全面解释数字化商业模式创造价值的机理。原有用于孤立的分析框架已难以全面解释数字化商业模式的总体价值创造，每种理论在解释价值创造时都存在局限性，尤其是考虑到高度相互关联的互联网经济，因此，路径→机理→功效仍然是一个“黑箱”，也缺乏整合的理论框架。另外，数字化情境下出现的新的商业现象，与工业化时代企业所遵循的底层的商业逻辑有所不同，需要寻找新的理论基础来对新现象加以解释。

第四，研究方法上存在的不足。较多采用描述性概念框架和单案例研究，采用大样本的计量实证或假设检验研究的文献数量较为有限，实证研究落后于概念研究，因此，需要更多证据检验商业模式数字化的特征、过程、路径、价值动因以及与价值创造间的关系及作用机理。

有关商业模式数字化路径也有少量的文献基础，如一些学者探讨了用户的数字化以及对创新绩效的影响，另一些学者则探讨了大数据对业务的驱动和绩效的影响，但是仍然存在以下不足：

第一，商业模式作为一种系统架构，不能仅从某个单一视角来进行分析（李文等，2020），对商业模式数字化的路径和过程进行系统的研究显得尤为必要。原有用于孤立的分析框架，从用户、业务等单一的层面来探讨数字化路径，难以全面解释商业模式如何数字化的问题，因此需要系统地构建整合的理论框架来描述商业模式数字化的具体路径。

第二，商业模式数字化路径与价值创造间的关系仍不明朗，大样本实证研究仍然缺乏（Schneider 和 Spieth，2013；Kretschmer 和 Claussen，2016；Wu et al.，2020）。商业模式数字化路径与价值创造间是呈线性关系还是非线性关系，需要更多的实证研究加以检验。同时，对价值的度量，少量文献采用了创新绩效，较少结合数字化情境，借助用户层面的参数或数据（如用户活跃度、复购率），运营层面的参数或数据（如转化率、净推荐值）验证商业模式数字化路径对价值创造的影响。

第三，研究对象上，不同行业的比较分析仍显不足（陈冬梅等，2020）。

有学者明确指出已有研究更多是集中于单一行业的数字化转型（Kretschmer 和 Claussen，2016），而对不同行业的比较分析则显得不足（陈冬梅等，2020）。

因此，本书试图采用探索式混合研究法，深入探讨以下三个问题：

问题 1：商业模式数字化的具体路径有哪些？

问题 2：商业模式数字化路径创造价值的内在机理是什么？

问题 3：商业模式数字化路径与价值创造间是线性关系还是非线性关系？

具体而言，首先，基于商业模式创新视角，从商业模式的核心构成模块出发，采用多案例研究法，归纳出商业模式数字化的三条路径，即用户数字化、关键业务数据化和关键合作网络化。其次，引入平台理论、价值共创理论和价值网理论，采用理论与企业实践相结合的方式，推理论证各路径创造价值的作用机理，得出各路径与价值创造间关系的待检验的命题假设，为后文的大样本实证研究做铺垫。最后，基于中国传统企业数字化转型特定情境，以"互联网+"板块上 259 家上市企业 2012~2018 年的样本数据为基础，构建二次模型或线性回归模型，借助 SPSS20. 0 和 Stata16. 0 对数据加以处理和分析，以对商业模式数字化路径与价值创造间的关系进行大样本实证检验，得出相应结论并演绎管理启示。

第三章　商业模式数字化路径及其创造价值的多案例研究

根据 Creswell（2009，2015）的研究，当单一研究取向（质性或量化）不足以解决研究问题，或可借由质性资料来强化量化设计（如实验或相关研究），或可借由量化资料来强化质性设计（如扎根理论或个案研究）时，混合研究法就是较佳的设计。其中，探索式混合方法设计是指从收集质性资料以探索现象开始（Creswell，2003；Plano Clark et al.，2003），随后研究者借由质性阶段的结果，来发展工具、确立变量，或依据浮现的理论或架构提出待考验的命题，据以进行第二阶段的量化研究。两阶段的探索式设计的意图就在于：第一个方法（质性）的结果有助于发展或知会第二个方法（量化）（Greene et al.，1989）。比起单独使用质性或量化研究，混合研究法吸收了两者的长处，更注重实用性价值，有助于回答单独采用质性或量化取向所无法回答的问题，能够为所探讨的研究问题提供更全面的证据，以更有效率地解决研究问题。

本章的目的是回答商业模式数字化的具体路径是什么、各路径创造价值的内在机理是什么，以及与价值创造间的关系是线性还是非线性的问题。前两个问题属于“是什么”（what）的范畴，在这方面探索性案例研究法具有明显优势，而对两者间关系的进一步确认则需通过大样本实证研究来加以检验。因此，本章的研究主题适合采用探索式混合研究法。首先，通过案例研究和扎根分析进行主题的探索，确认重要的变量，即归纳出商业模式数字化的具体路径，分析其与价值创造间的关系，由此得出待检验的命题假设。其次，根据质性发现来指引量化调查工具中测量变量的发展，以及指示第二个量化阶段的待答问题与资料收集，即通过大样本实证研究检验商业模式数字化路径与价值创造间的具体关系。基于质性分析和量化分析的有机结合，得出更加科学可信的研究结论。

一、质性研究方法设计

（一）研究方法选择

研究方法的选择，在很大程度上是由研究问题的属性决定的（王凤彬等，2019）。商业模式数字化的路径是什么？其创造价值的作用机理是什么？属于"是什么"（what）的问题，在这方面探索性案例研究法具有明显优势，能够深入地挖掘现象背后的理论逻辑和规律（王凤彬、王骁鹏和张驰，2019；黄江明等，2011）。本章采用多案例研究方法，还有以下三点原因：

第一，案例研究是一种运用如访谈、观察等方式收集的一手资料，以及如年报、内刊、新闻媒体报道、书籍等二手档案资料，同时运用可靠的技术和规范的研究流程，对同类事件进行深入分析，从而得出带有普遍性结论的研究方法（李咏，2013；Eisenhardt，1989；Yin，2003）。本章所关注的企业实践涌现出的新颖现象，实践超前于理论，案例研究方法可以做到不依赖过去的文献或经验证据，还能够通过与现有研究充分对话来构建理论（Eisenhardt 和 Graebner，2007；吕文晶等，2019），因此与本章的研究目的契合。

第二，多案例研究有利于归纳数字化领军企业在商业模式数字化过程中存在的共性，以及对价值创造影响的机制。尽管探索性的理论构建研究应从很少或不考虑任何理论开始，因为预先设定的理论观点或主张可能会使研究结果失之偏颇，但根据 Eisenhardt（1989）的说法，这实际上是不可能的，首先要有一个清晰的理论基础（Ghezzi 和 Cavallo，2018）。因此，本章的多案例研究设计，以商业模式创新理论为基础，从商业模式的各个核心构成或者不同构成要素的组合角度出发，帮助设计类似于准实验逻辑的研究框架，从而有助于因果关系的识别（张妍和魏江，2016；刘洋，2014）。通过整合多种数据来源进行的三角验证，也能够提高案例研究的信度和效度（刘洋，2014；Eisenhardt，1989；Yin，2003）。

第三，多案例研究法能够加强结果概括过程的信度和效度（Ghezzi 和 Cavallo，2018；McGrath，2010；Meredith，1998）。由于理论样本可能包括极端案例、极端类型或特殊情况（Meredith，1998），因此，与单案例研究法相比，多案例研究法通过对结果进行案例内和案例间的比较分析，能够增强研究结果的可靠性。

因此，本章选择多案例研究法一方面归纳商业模式数字化的具体路径，另一方面采用理论与企业实践相结合的方式探讨各路径创造价值的作用机理。

（二）案例对象企业选择及其资料的编码

1. 案例对象企业选择

Eisenhardt（1989）指出在进行案例选择时采用理论抽样的方式，从而尽可能避免外生变异（刘洋，2014）。结合本章的研究主题，根据案例的异质性来选择案例，主要体现在以下两个方面：一是行业异质性，即案例样本企业需要来自不同行业，且其所在行业均需受数字化技术影响明显；二是商业模式数字化路径的异质性，即案例样本企业在进行商业模式数字化时，具有不同的侧重点。通过对案例样本的对比分析，将有助于拓展理论分类，进一步探索商业模式数字化可能的演化路径。如 Ghezzi 和 Cavallo（2018）所述，通过所收集到的资料就可以对以上两个关键因素加以了解并做出判断。另外，也充分考虑了所选案例的数据可获取性和典型性（彭新敏、吴晓波和吴东，2011）。最终，选取服务业的蓝色光标、零售业的苏宁易购和制造业的海尔智家这三家企业作为多案例研究对象，其基本情况如表 3-1 所示。这三家企业成立至今均超过了 20 年，都属于上市公司，在各自所属行业中均处于领先地位。我们通过人物访谈、新闻媒体访谈等一手资料，企业官网、年报和企业内刊等二手档案资料以及数据库等多种渠道收集到上千条与案例企业商业模式如何进行数字化的具体做法的可用资料。

表 3-1 多案例样本企业基本情况

企业名称	北京蓝色光标数据科技股份有限公司	苏宁易购集团股份有限公司	青岛海尔股份有限公司
简称	蓝色光标	苏宁	海尔
所在行业	服务业	批发零售业	制造业
成立时间	1996 年	1990 年	1984 年
主导产品	营销服务、数字广告等	传统家电、消费电子、百货等综合品类	家用电器
所有者权益	64.55 亿元	882.11 亿元	551.30 亿元
营业总收入	231.04 亿元	2449.57 亿元	1833.17 亿元
净利润	4.12 亿元	126.43 亿元	97.71 亿元
行业地位	2019 年位列全球营销传播控股集团第 7 名，且连续四年位列全球公关代理公司 TOP10 榜单，中国仅一家进入全球前十的企业	中国最先进的 O2O 零售模式的标杆；2017 年、2018 年均跻身《财富》杂志全球财富 500 强榜单；连续五年入选“最具价值中国品牌 100 强”	物联网时代引领的生态型企业；大型家用电器连续十年超其他品牌；“2019 年 BrandZ™ 全球最具价值品牌 100 强”榜单中，海尔是第一个且唯一一个“物联网生态品牌”

资料来源：各企业的财务数据均为 2018 年年报中的数据。

案例间的异质性和互补性。三家企业来自不同行业，对包括信息技术服务、通信服务及互联网相关服务等在内的服务业而言，其整体的数字化水平相较于其他行业具备了先天优势；批发零售业与用户的距离较近，与互联网的接触相对更早，数字化技术对其影响显著；而在制造业传统发展模式中，核心企业通过战略协同与资源共享等方式带动产业链上下游的其他企业，因此大数据、互联网等数字化技术实现了在该行业的深入应用。同时，由于这三个案例在商业模式数字化过程中采取的路径存在一定程度的差异性，彼此间也具有互补性。因此，通过对案例的深入分析以及跨案例的对比分析，一方面有助于拓展理论分类，进一步探索商业模式数字化可能的演化路径，另一方面有助于探讨商业模式数字化的路径与价值创造间的关系，从而得出相应的理论假设。

案例内分析。本书借鉴扎根分析，以辅助案例研究法（Glaser 和 Strauss，1967；Strauss 和 Corbin，1998）。以商业模式的核心构成为基础，对所收集的数据进行归纳性分析，通过编码、贴标签，并进一步提炼出类属，从而以更高的抽象水平来观察数据。例如，将原始数据归类编码，并从其中提取出如“用户画像、个性化、定制化、全场景、定制服务”等关键词，同时贴上标签，再进一步提炼出类属为“个性化定制”，以此实现概念的聚合，使我们能够进行抽象和理论构建（Saldana，2009）。

跨案例分析。基于商业模式创新视角，从商业模式的核心构成，即用户模块的数字化、关键业务模块的数字化以及关键合作模块的数字化三个方面，寻找各案例之间的异同（Yin，1984）。同时，采用理论与实践相结合的方式，探讨商业模式数字化路径对价值创造影响的作用机理，从而使我们能够“在数据中捕捉可能出现的新颖发现”（Eisenhardt，1989）。

2. 数据来源及编码

本章的数据来源于多种渠道，并使用数据编码和归类表格对所收集到的各样材料进行小结，其目的在于从大量的定性资料中提炼主题，进而探讨所要研究的问题。在资料分析和编码过程中，首先由研究小组中的 2 名成员（笔者和 1 名硕士研究生）全面整理、通读案例材料，并且团队成员间（1 名指导老师和 3 名学生）进行多次深入讨论。其次以研究主题为基础，针对每一案例进行独立编码。

具体编码和分析过程为：首先，根据所有数据的来源渠道进行一级编码，具体为：通过公司新闻及媒体报道获得的资料编码为 N（蓝色光标 N1 = 756 篇，苏宁 N2 = 1062 篇，海尔 N3 = 3646 篇）；公司年报资料编码为 R（蓝色光标 R1 = 10 份，苏宁 R2 = 14 份，海尔 R3 = 9 份）；通过官网、公告及内刊获得的资料编码为 P（蓝色光标 P1 = 6 份，苏宁 P2 = 89 份，海尔 P3 = 195 份）；通过数据库获得的与本章主题相关的文献资料编码为 A（蓝色光标 A1 = 197 条，苏宁 A2 = 1980 条，海尔 A3 = 1997 条）；来源于搜索引擎的文本资料编码为 G（蓝色光标 G1 = 256 条，苏宁 G2 = 192 条，海尔 G3 = 280 条）；媒体访谈等视频编码为 V（蓝色光标 V1 = 15 个，162 分钟；苏宁 V2 = 8 个，55 分钟；海尔 V3 = 6 个，311 分钟，其中包括访谈海尔数据战略发展总监孙鲲鹏，约 120 分钟）。蓝色光标总的可用的 PDF 格式材料为 512 页，word 格式 42 页共 35322 字；苏宁总可用的 PDF 格式材料为 723 页，word 格式 105 页共 88295 字。此外，也参考了 7 本有关苏宁和海尔转型的学术研究著作，如徐军和何丹（2015）合著的《从+互联网到互联网+：苏宁为什么赢》，记录了苏宁通过线上线下融合成为 O2O 互联网零售企业的全过程；郝亚洲（2018）所著的《海尔转型笔记》，涵盖了该作者长期调研和访谈的资料，也是本章的重要数据来源之一。多种数据来源有助于进行三角验证，从而保证案例研究的信度和效度（刘洋，2014；Eisenhardt，1989；Yin，2003）。

其次，根据整理出的所有数据，结合本章的研究主题，分别对单个案例进行分析和跨案例分析。通过不断寻找相同与相异点，来试图发现潜在的规律和理论（Eisenhardt，1989），跨案例的对比分析有助于发现相似的概念和逻辑（刘洋，2014；Eisenhardt 和 Graebner，2007）。

二、案例分析

（一）蓝色光标及其商业模式数字化

1. 蓝色光标企业基本情况

北京蓝色光标数据科技股份有限公司（以下简称蓝色光标），成立于1996年，是一家在数字化时代背景下，能够为客户赋能实现智慧经营的营销科技公司，于2010年在深圳证券交易所创业板上市（股票代码：300058）。其业务板块遍布全球，主要有覆盖整个营销传播产业链的营销服务（数字营销、公共关系、活动管理等）、数字广告（移动广告、智能电视广告、中国企业出海数字广告），以及以数据科技为基础的智慧经营服务。据公关行业在全球的权威机构The Holmes Report发布的2019年全球公关公司排名，蓝色光标再度位列全球营销传播控股集团第7名，且连续四年位列全球公关代理公司TOP10榜单，是中国仅有的一家进入全球前十的企业。

蓝色光标数字业务的发展从2007年开始，2012年确定了商业模式数字化的发展战略，到2018年其业务面貌有了根本的变化，数字业务营收占比近90%。截至目前，蓝色光标已转型为一家基于数据及算法驱动的互联网公司，并且为其客户提供了一个可实现智慧经营的赋能平台。图3-1和图3-2对蓝色光标的营业总收入、净利润和股东权益在2012~2018年的变化情况与行业均值做了对比分析。

2. 蓝色光标商业模式数字化

（1）蓝色光标商业模式数字化转型阶段。

如图3-3所示，蓝色光标商业模式数字化可分为以下三个阶段：

第一阶段，2007年至2012年初，确立商业模式数字化发展战略，并以

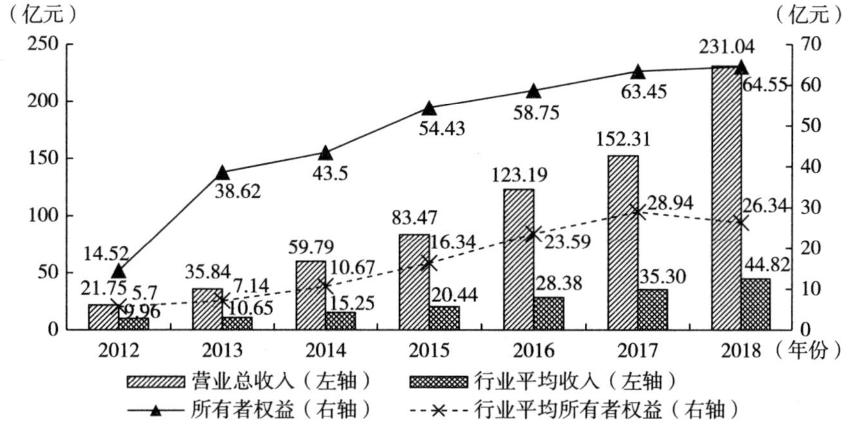

图 3-1 蓝色光标营业总收入和所有者权益与行业平均水平对比分析

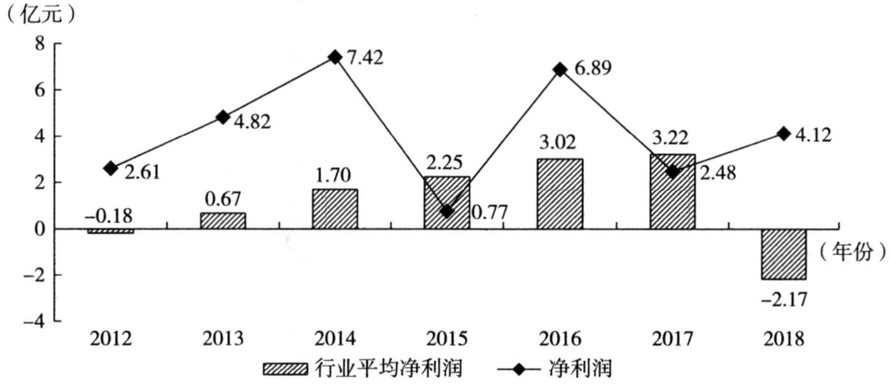

图 3-2 蓝色光标净利润与行业平均水平对比分析

“业务数字化”为切入点，开始向数字营销全面转型。如蓝色光标董事长兼CEO 赵文权在媒体访谈中所述，公司向数字营销的转变可以追溯到 2007 年开设的第一个数字营销部（李乔宇，2018）。2009 年，公司加强了互联网传播技术和手段的研发及应用，重组了互动营销部门，推动了业务数字化转型。2012 年，确立了商业模式数字化发展战略。

第二阶段，2012~2015 年，完成向数字营销全面转型第一阶段任务。2013 年，蓝色光标确定了“数字化、国际化”长期战略。2014 年，组建了战略新兴业务板块，布局大数据、移动互联网和电子商务，通过出资 30 亿元收购移动互联网广告公司多盟、亿动，以为其转型奠定基础。到 2015 年末，蓝色光标完成向数字营销全面转型第一阶段任务，数字营销业务收入接近 60 亿元，占总营业收入的 70%，每月由机器自动完成的收入已经达到 1 亿元。

第三阶段，2016~2019 年，初步转型为一家基于数据及算法驱动的互联网公司，关键业务实现由数据和算法驱动，进入商业模式数字化转型收获期。蓝色光标 2016 年数字营销业务占比达到了 80%以上，到 2018 年，蓝色光标开始进入转型收获期，成为中国市场仅有的一家营收规模超过 200 亿元的营销类上市公司，收入同比增长超 50%。如图 3-1 和图 3-2 所示，蓝色光标 2018 年营业收入超过 231 亿元，其中数据科技收入占比已超过整体收入的 90%。

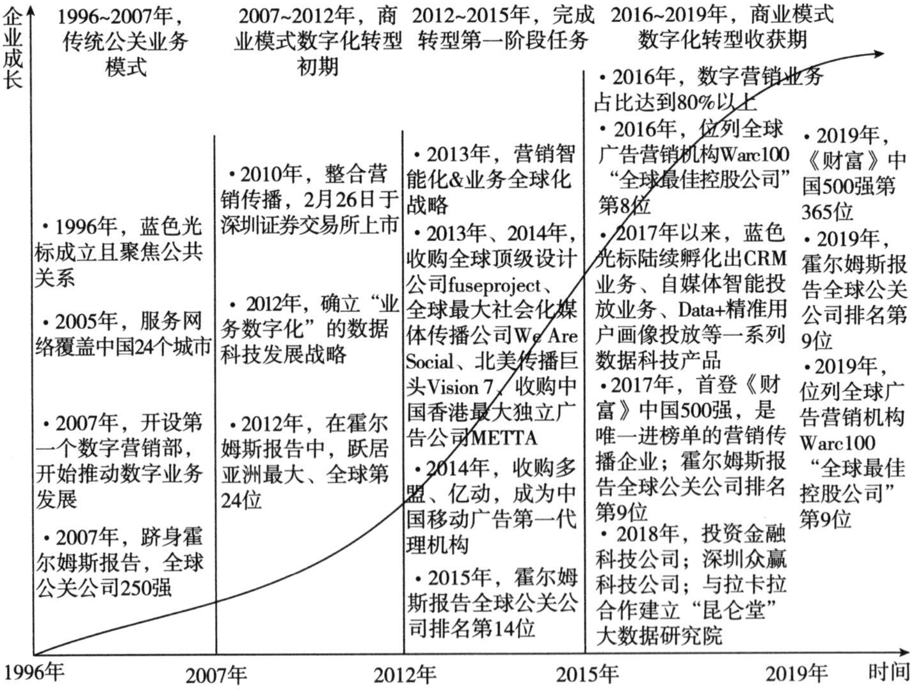

图 3-3 蓝色光标企业成长的不同阶段

（2）蓝色光标商业模式数字化战略布局重点：关键业务实现数据驱动。

蓝色光标 2007 年开设了第一个数字营销部，而由表 3-2 可知，从 2009 年开始对商业模式数字化进行战略布局，并且逐年持续投入，以打造公司数据科技核心竞争力。年报资料显示，2015~2018 年，该公司研发投入分别为 0.94 亿元、1.71 亿元、1.66 亿元及 0.94 亿元，2017 年公司研发人员数量占比达 10.61%，2009~2018 年的研发投入约 5.79 亿元。

首先，基于数据和算法孵化业务。蓝色光标前期投入资源布局大数据和数字营销领域，同时，建立起互联网整合营销传播体系。正如赵文权（董事长兼 CEO）在媒体访谈中表示，“蓝色光标的研发会紧跟未来营销环境的变化而布局，如 5G、AI、短视频对营销环境带来了变化，公司就会有更多的研发投入跟进……。蓝色光标未来会做自己的业务布局，比如……改稿机器人妙笔，既能够和蓝色光标构成生态上的合作伙伴关系，也可以更加独立地为整个行业提供服务……。然而……基于数据和算法的新型业务的孵化，这些在利润上对公司构成了巨大的压力，但是我们赢得了宝贵的战略空间，为蓝色光标未来 5~10 年的发展奠定了坚实的基础……”（叶晨晖，2018）。

其次，大数据、移动互联网等数字技术的培育和开发。蓝色光标重视新技术在公司业务层面的运用，增加为客户提供整体解决方案的能力。到 2018 年，蓝色光标的信息化管理平台、数据营销方面的 Blue View 系列产品开发及应用、Blue MP H5 传播平台开发及应用项目、有关分析及策略的平台及系统、创意产出、智能投放等相应的产品均已升级或成功开发并投入使用（见表 3-2）。

表 3-2 蓝色光标 2009~2018 年研发投入情况

研发投入	项目名称	拟达目的	对公司的影响
2009 年 129 万元；2010 年 323 万元；2012 年 0.14 亿元；2014 年 0.13 亿元	①互联网传播技术和手段的开发。②公司内部业务系统信息化管理平台的开发；信息系统技术改进和架构升级。③大数据等新技术、新模式的应用与开发	①改造和升级企业知识分享系统，使能支持异地访问，数据统一存放，知识跨公司分享。②建设企业统一信息门户，将公司项目管理，财务管理、数字资产管理等功能和子系统进行衔接和整合。③建设网络媒体监测平台。④同时引入市场上成熟的特定信息化管理系统，并把二者有效地结合起来。⑤持续升级公司 IT 技术架构，完善财务系统，新开发人力资源管理系统、行政资源管理系统等。⑥重点对大数据相关应用进行研究与分析，做好技术储备工作。⑦在数字营销、大数据等前沿领域进行布局。⑧在大数据、移动互联网、CRM 等领域布局	①强化信息化管理方面的优势。②推进数字化经营体系建设。③核心数据集中统一管理，加强了管理效率和安全性。④实施数字化战略

续表

研发投入	项目名称	拟达目的	对公司的影响
2011 年 0.14 亿元；2013 年 0.13 亿元	业务支撑类：④舆情监测系统；⑤信息监测系统。管理支撑类：升级项目①②	①继续升级针对传统平面媒体、新兴网络媒体的监测能力。②不断完善原有的信息化管理平台。③建立了互联网整合营销传播体系	①适应新需求核心管理支撑平台。②建立全新管理开发平台
2015 年 0.94 亿元；2016 年 1.71 亿元；2017 年 1.66 亿元	升级项目①②。⑥Blue View 系列数据营销产品开发及应用。⑦Blue MP H5 传播平台开发及应用	①使需求部门能够快速直接获得所需信息，缩短流程环节，提高工作效率。此外，有力支撑以顾客为导向、以资源为基础的矩阵式工作小组方式，通过协同整合的平台化基础，有效满足客户服务需求。②提高内部信息资源开发利用效率和范围，促进资源有效循环利用。③提高信息传递效率，使公司的信息资源得到最大限度的沉淀与共享。④系列数据营销产品开发的舆情监测、精准广告投放、电商综合服务三大平台，主要面向互联网为企业提供互联网舆情监测、精准广告投放、电商综合服务等服务。⑤BlueMP 移动营销自助服务平台，持续发展精准场景流量用户	①实现内部资源整合协同，快速响应复杂多变的市场。②推进产品和服务、技术与创意的融合，提高数字营销的市场竞争力和盈利能力
2018 年 0.94 亿元	投入使用： 分析及策略： ①iDataBot 营销数据平台。 ② MIX™ 数据策略系统。 创意产出： ①妙笔；②千机（MegaVision）™ 智能创意解决方案。 智能投放： ①PlayMad；②多盟 DMP2.0；③麦集客；④麦速投；⑤必得优选程序化平台；⑥TravelMAD；⑦鲁班一站式电商出海营销平台。 监测及评估： ①情报来也 ②BlueMC 营销捕手 ③麦谱云	①通过标准策划案产出模式，提升撰写效率；以现有经验为基础，形成模件化分工合作，提高产出效益；优化流程结构，解放创造力，激发工匠精神。②智能营销实现消费者全方位的营销生命周期管理，实时掌握处在不同决策阶段的消费者信息（首次认知—产生兴趣—购买决策—主动分享），实现品牌大数据资产的沉淀、积累、迭代。③妙笔机器人可在 1 秒钟内改编出数千篇中心意思相同，但风格迥异的新闻稿，可自动改换标题和内容，自动插入图片、商品链接、名词解释及延伸阅读等。④通过创意的智能化和动态化，提升投放效能和目标匹配度。⑤通过 PlayMad，广告主能够充分利用 Google Ads 系统的数据分析技术和机器学习能力，获取更多的优质用户，提高广告投放的 ROI。⑥为了提高数据应用效率，多盟 DMP2.0 着力于发现数据应用信号和 meta 信息（数据洞见、相关性信号等）管理。⑦麦集客，一款为门店量身定制的智慧获客工具。⑧麦速投，一个聚合全球场景广告资源的多功能综合平台。⑨必得优选满足程序化购买客户的全方位需求。定向全球中国旅行者的移动广告解决方案。鲁班平台帮助跨境电商高效的管理在不同渠道的广告投放，同时可自助开通 Facebook 企业级账户。⑩传播内容生成、发布以及传播效果监测一站式服务；帮助营销人快速得到自媒体数据的分析平台；麦谱云。目前全国首家场景营销云端数据平台。平台内聚合线下场景流量、用户肖像等综合数据为企业线下营销提供区域洞察、选址、目标客群分析、效果评估等全场景大数据洞察分析服务	经过多年的研发投入，公司已形成了较为完善的研发体系，已通过 ISO2007001 信息安全管理认证，获得 119 项软件著作权，所申请的技术专利 21 项获得授权、20 项在审核中，拥有 98 项注册商标，并研发了多项核心技术支持平台，并以此为基础，依照不同场景，提供全方位解决方案

最后，打造价值网络，实现价值共创。蓝色光标通过对国内外优质的、具有技术基础、拥有自己的社交网络平台、具备大数据分析及精准营销能力等的优质传媒公司进行并购或战略合作，实现外部优质资源整合，通过高效协作来促进价值共创。

截至目前，蓝色光标每天通过机器自动产生的营收达到约 200 万元的规模，通过智能匹配的程序化创意已经占到公司创意总量的 20%，每天产生的数据量已经达到 4TB。前期持续的投入与数据积累，使蓝色光标在各板块业务中逐步开发出了基于数据及算法的创新科技产品，在不断提升客户价值的同时，提升公司的毛利率。如前文所述，经历艰难的数据科技化转型之后，蓝色光标于 2018 年开始收获回报，其营业总收入是行业均值的 5. 2 倍，其中数据业务占营业收入近 90%，净利润达到行业均值的 6 倍左右。蓝色光标新的技术及数据能力，构筑起的技术壁垒，成为促进内生增长的新动力，也在不断引领和推动整个营销行业的智能化发展。

（二）苏宁及其商业模式数字化

1. 苏宁企业基本情况

苏宁易购集团股份有限公司（以下简称苏宁），创立于 1990 年，是中国领先的 O2O 智慧零售商，2017 年、2018 年均跻身《财富》杂志全球财富 500 强榜单。2018 年是“互联网+”被提出的第四个年头，公司全渠道销售规模达 3367 亿元，同比增长 38. 39%，智慧零售门店新增超过了 6000 多家，门店总数为 10016 家，服务用户的规模超过 6 亿，归属于上市公司股东的净利润为 133. 28 亿元，同比增长 216. 38%。截至 2019 年 10 月底，各类创新互联网门店和网点 13000 多家。

苏宁通过“互联网+”在行业中率先将大数据、人工智能等前沿技术与实体店结合，形成了以智慧零售大脑（Retail as a Service，RaaS）为核心的生态系统，在行业中创造性地探索出了“智慧零售”模式。苏宁云店 3. 0、无人店、零售云门店等新业态的落地，通过线下门店、P 端、移动端和家庭端的四端协同（陈思雨，2019），实现了无处不在的一站式服务，成为了中国零售业新旧动能接续转换的一个缩影。如图 3-4 所示，苏宁的营业总收入和所有者权益远高于行业平均值，2018 年的营业总收入是行业平均收入的 7.7 倍，所有者权益是行业均值的 7.6 倍。由图 3-5 可以看出，在商业模式数字化过程中利润受到了一定的影响，但苏宁于 2016 年开始收获回报，运营效益提升。其历年年报数据显示，2016 年线上销售收入为 805.1 亿元，占总营业收入的 67.4%，2017 年线上销售收入为 1266.96 亿元，占总营业收入的 67.4%，2018 年线上销售收入为 2083.54 亿元，占总营业收入的 85.1%，而 2018 年苏宁的净利润则是行业均值的 10.7 倍。

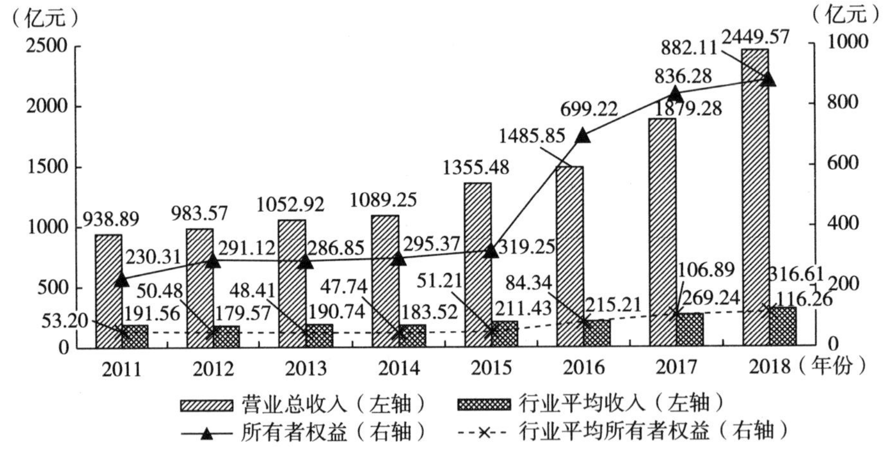

图 3-4　苏宁营业总收入和所有者权益与行业平均水平对比分析

苏宁自 2009 年起开始探索互联网，致力于构建全场景智慧零售生态系统。首先，开启了营销变革，上线苏宁易购，于 2013 年更名苏宁云商，推行双线同价，打造开放平台。其次，建立起覆盖全客群、全渠道、全品类的运营能力，并推出了“一体两翼”互联网发展路线，即以互联网零售为主体，线上

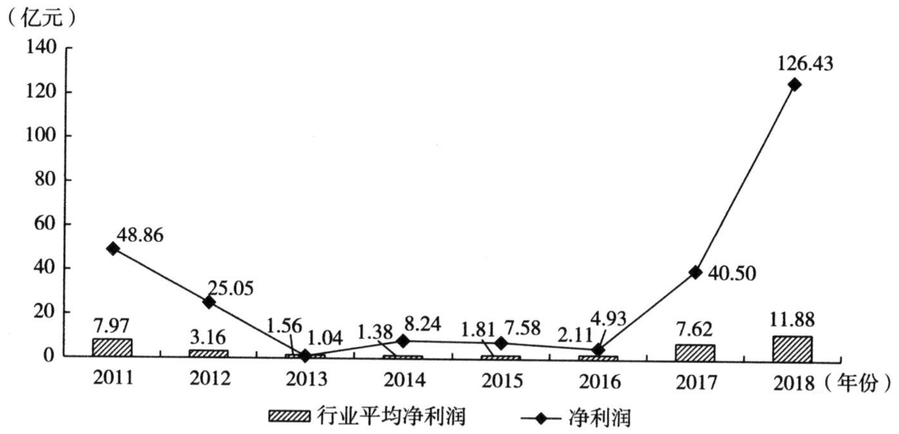

图 3-5 苏宁净利润与行业平均水平对比分析

线下相融合，从而打造出 O2O 融合的商业生态圈。在战略资源投入和布局上，苏宁对实体店进行互联网化，开发多种移动端应用，实现全渠道布局。借助大数据等数字化技术，对用户精准画像，深度挖掘其潜在需求，并精准推送，以满足消费者基于特定场景的个性化需求。针对供应商等关键合作伙伴，则通过线上线下数字化服务网络，为其提供基于大数据挖掘的精准品牌推广、商品定制和供应链管理等服务，大数据的应用引导了生产制造，提高了经营效率。如今，苏宁打造出行业领先的互联网零售模式，契合了消费市场的发展趋势，已成为中国智慧零售模式的标杆。

2. 苏宁商业模式数字化

（1）苏宁商业模式数字化转型阶段。

如苏宁董事长张近东所言，“1998 年，我们发起了企业的第一次转型；2008 年，我们实现弯道超车，成为行业龙头，并开始酝酿企业的互联网转型；2018 年，在中国零售业发展的第三个阶段‘场景互联网零售’大幕全面开启之际，苏宁的发展战略又一次全面领先”。1990 年成立的苏宁，经历了两次转型、三个转身——创建社会认知、创建品牌的第一个阶段，社会化转型的第二个阶段，以及商业模式数字化转型的第三个阶段，更具体的成长阶段划分如图 3-6 所示。

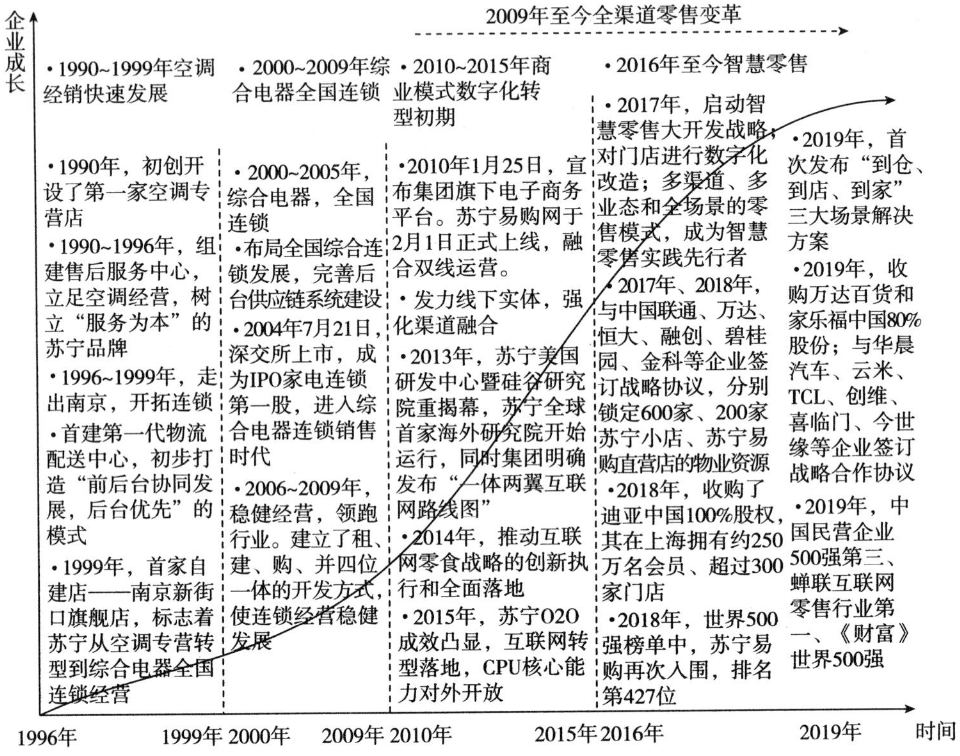

图 3-6　苏宁企业成长的不同阶段

（2）苏宁商业模式数字化转型战略布局重点：用户数字化。

苏宁成立于 1990 年，1990～1999 年是苏宁空调快速发展时期，而 2000～2009 年则进入了综合电器连锁销售时期。苏宁 2009 年开始布局互联网转型，在第三个十年内完成了商业模式数字化。本书接下来重点分析其商业模式数字化转型阶段，即从 2009 年至今的全渠道零售变革时期的战略布局重点，其中，苏宁历年的研发投入情况如表 3-3 所示。

表 3-3　苏宁易购历年研发投入情况　　单位：亿元,%，人

年份	研发投入	占营业收入的比重	信息体系人员	人员占比
2010	0. 87	0. 12	—	—
2011	0. 88	0. 09	979	12. 63
2012	1. 15	0. 12	1751	20. 93
2013	1. 66	0. 16	2662	21. 38
2014	7. 53	0. 69	2683	20. 04
2015	10. 07	0. 74	4589	6. 98
2016	12. 58	0. 85	3754	6. 22
2017	18. 19	0. 97	5438	7. 51
2018	28. 99	1. 18	8297	6. 36

第一阶段：2009~2015 年，商业模式数字化转型初期。

战略重点主要聚焦于以下方面：

第一，提升数字创新能力，创新服务产品，提升用户数字化体验。

苏宁从 2009 年开始进行商业模式数字化创新，其自主研发的 IT 帮客产品（电脑远程服务）于同年 9 月在全国约 500 家门店中面向顾客销售。用户可通过在电脑上安装 IT 帮客远程电脑服务系统客户端，在线获得包括自助服务、远程人工服务和系统崩溃救援三种即时性服务。

第二，打造网购平台，对数字化用户进行精准营销，增强盈利能力。

2009 年 8 月，苏宁对网上商城进行了升级，如网页的搭建、优化顾客的购物流程、提供在线服务等，并改名为“苏宁易购”。一方面，满足了用户对网购的需求，另一方面通过产品或服务的在线查询、在线咨询以及在线购买等方式增强了用户的数字化体验。另外，借助大数据等数字化技术，对顾客的资料、购买行为等方面的分析，使苏宁能够针对全会员进行精准营销。因此，苏宁通过打造线上购物网站，与实体店面形成协同与互补，提高了企业整体的销售水平和盈利能力。

第三，信息化平台建设，提供后台支撑。

基础平台方面，建成数据中心，同时借助监控平台能够对后台设备和业务系统等进行在线的实时监控，可实现预警处理。软件的应用升级方面，对企业的 SAP/ERP、客户关系管理 CRM、B2B 以及 B2C 等系统加以升级，以与企业进行的经营变革和管理创新相匹配。应用能力方面，借助信息化平台，可提前对需求进行规划，同时企业在各个环节上的管理都实现了信息化。内部运营支撑方面，信息体系通过 2000 多个需求优化，80 多个重点项目的实施和上线，为苏宁连锁开发、营销变革、运营服务转型及内部管理提供后台支撑（彭韬，2014）。运维支持方面，通过网络、硬件平台和 SAP 系统优化，搭建更为强大的后台系统框架，支持业务的发展。在这一阶段，苏宁借助信息体系，实现了从需求到资源调度整个流程的在线管理。

第二阶段，2016 年至今，智慧零售，精准满足用户个性化需求。

张近东在 2018 年初苏宁新春团拜会上说，“苏宁的智慧零售就是一场新技术驱动的零售变革。智慧零售要充分运用互联网、物联网、大数据、云计算和人工智能等技术，全面构建人、货、场的数字化连接、智能化交互和自动化交易……以更高的效率、更好的体验为用户提供商品和服务”。智慧零售是以用户体验为中心，在具体的消费场景中，围绕顾客的需求、购买行为，借助数字化技术，通过线上线下的协同与融合，实现对顾客的精准识别、精准营销、个性化需求的精准满足。目前苏宁依托超过 80 个业务引擎的智慧零售大脑，打造了由供应云、零售云、管理云、企业云构成的智慧零售云，推动商品、用户、支付等零售要素的数字化，并将采购、销售、服务等流程智能化①。苏宁从云、管、端三个方面形成核心竞争力，提升了企业对消费者的吸引与增值服务能力，形成了差异化竞争优势。

该阶段的重点布局主要聚焦于以下三个方面：

第一，升级实体网络平台，协同线上线下 O2O 运营，提升用户数字化体验。

---

① 资料来源：http：//icebox. cheaa.

苏宁通过线上线下协同与融合的方式打造业务模式。针对线下业务，对超级店、旗舰店与乐购仕生活广场进行战略布局，战略重点是提升顾客购物的全流程体验。线上业务，将更多的商品品类在开放平台上线，同时打造由专业的互联网技术人员构成的团队，以增强系统的开发和维护能力，同时在购物流程等顾客前端的应用方面，提升购物体验。另外，通过移动客户端、手机二维码、Wi-Fi 等技术的使用，增强店面功能，打造出集商品的展示、用户对产品或服务的购物体验于一体的具有互联网化特征的门店。

第二，苏宁物流体系的建设，为智慧零售提供支撑。

在此阶段，苏宁易购加大了物流基础设施和服务能力方面的投入，持续推进物流自动化、智能化作业，提升物流仓储服务能力，进一步提升物流服务运作效率。首先，物流基础设施建设方面。截至 2019 年 6 月底，苏宁物流及天天快递拥有仓储总面积达 1090 万平方米，形成“区域中心仓群+前行仓群+前置仓群”三级网络布局。2018 年 12 月末拥有快递网点 27444 个，物流网络覆盖全国 351 个地级城市，2858 个区县城市，48000 多个乡镇，社会网点 2 万多个，门店自提点 4000 多个，50 个物流基地分布于此，8 个自动化拣选中心可提供超级云仓、前置仓、门店仓等多类仓储协同服务，同时 46 个生鲜冷链仓覆盖了 179 个城市。其次，物流服务能力建设方面。苏宁构建的即时物流服务体系可在全方位的仓储体系的协同下，通过提供自提、1 小时达、半日达、次日达等几种时限标准的服务，以及“延时赔”“准时取”“代客修”等多样化的售后服务，以满足用户的个性化需求。

第三，打造智慧供应链，提升整个供应链响应用户个性化需求的反应能力。

苏宁董事长张近东以“场景互联网+智能供应链”来描述智慧零售的核心本质，即打造无处不在、虚实融合的数字化全渠道、覆盖消费服务生态的智能供应链体系，如图 3-7 所示。苏宁在全国建设了 10~12 个云计算数据中心，目前已在美国硅谷，中国北京、上海、南京、武汉等地设立研发基地，拥有超过 1 万人的技术团队。苏宁智慧供应链由需求端来反向驱动企业的生产端，即 C2B 反向定制，让用户当“产品经理”，以大数据为“数字化设计图纸”，赋能供应链上游企业，从而实现每一款新品都能精准击中市场。通过供应链的智能化，苏宁供给端实现了与合作伙伴系统的链接、数据的开放共享，提高了供应链合作效率；需求端通过对用户需求的分析，也实现了精准的产品定制。因此，从 2017 年开始，苏宁迎来智慧零售的丰收期，在零售业整体增速放缓的背景下，逆势增长，连续两年实现两位数增长，2018 年净利润达到行业均值的 10.7 倍，营业总收入和所有者权益也远超行业平均水平。

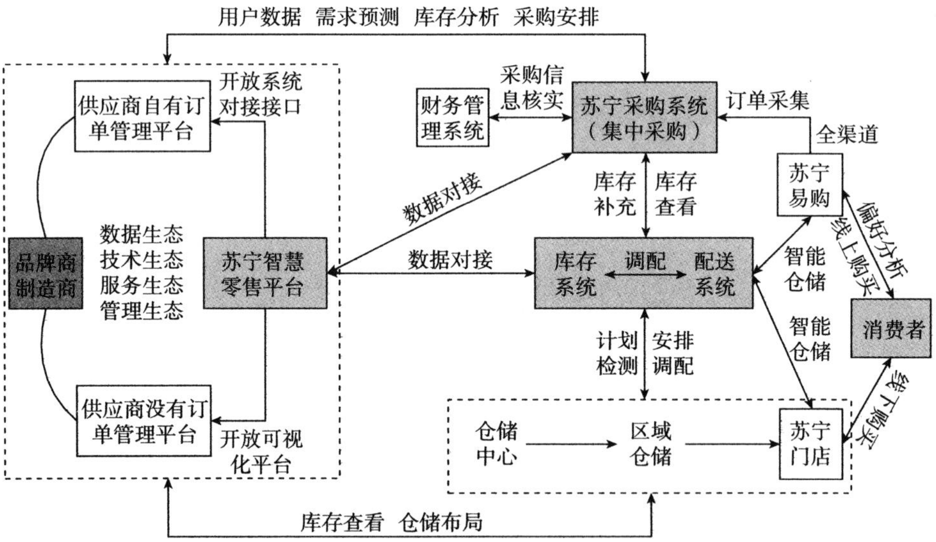

图 3-7　苏宁的智慧供应链体系

资料来源：笔者参考历年年报资料整理绘制。

（三）海尔及其商业模式数字化

1. 海尔企业基本情况

青岛海尔股份有限公司（以下简称海尔），创立于 1984 年 12 月 26 日，拥有海尔、卡萨帝、Candy 等多种智能家电品牌；日日顺、COSMOPlat（Cloud of

Smart Manufacturing Operation)、顺逛等物联网服务品牌以及海尔兄弟等文化创意品牌。海尔围绕"智家定制"，构建起食联生态、衣联生态、住居生态等物联网生态圈，满足全球用户不断迭代的个性化家居服务方案的需求（朱天任，2018）。如图 3-8 和图 3-9 所示，海尔的绩效水平，历年的营收、净利润和所有者权益均远远领先于同行。在"2019 年 BrandZ™ 全球最具价值品牌 100 强"榜单中，海尔成为该世界权威品牌榜单史上第一个且唯一一个"物联网生态品牌"，品牌价值为 162. 72 亿美元。

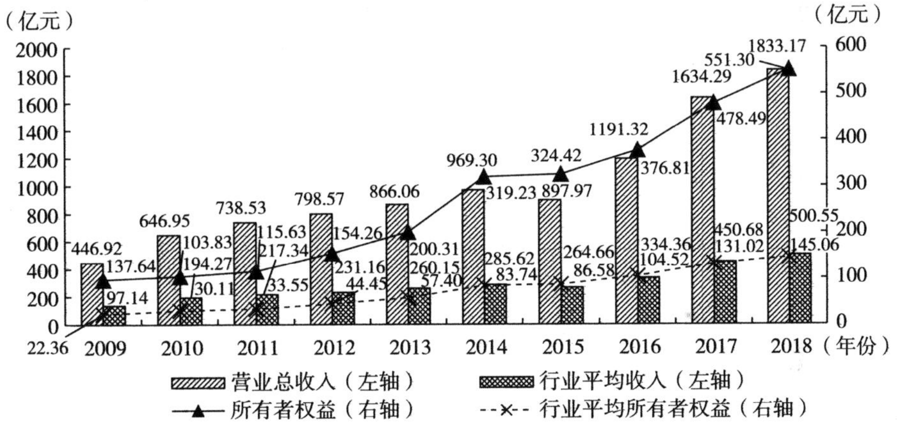

图 3-8 海尔营业总收入和所有者权益与行业平均水平对比分析

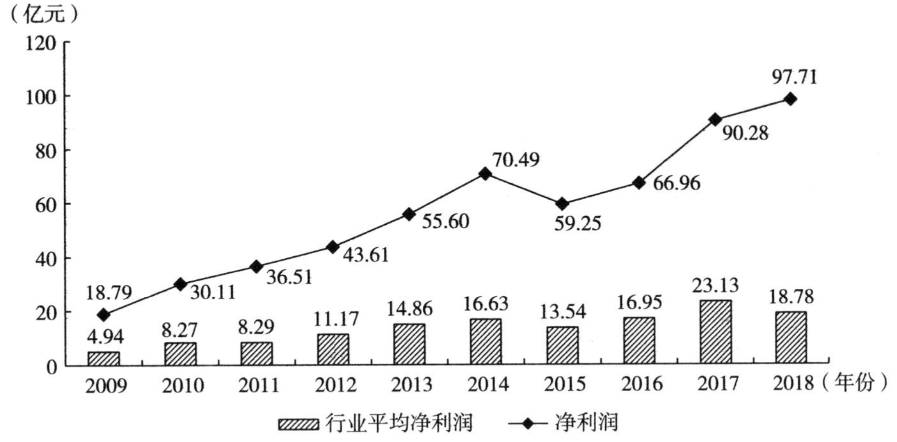

图 3-9 海尔净利润与行业平均水平对比分析

2. 海尔商业模式数字化

（1）海尔商业模式数字化转型阶段。

如图 3-10 所示，海尔创立于 1984 年，从资不抵债、濒临倒闭的集体小厂发展成为物联网时代引领的生态型企业，共经历了五个战略发展阶段：1984～1991 年名牌战略阶段；1992～1998 年多元化战略阶段；1999～2005 年国际化战略阶段；2006～2009 年全球化品牌战略阶段；2010 年至今，商业模式数字化转型阶段。截至 2018 年底，海尔已建成 11 家互联工厂，通过智慧云平台、用户交互平台以及开放式创新平台的打造，旨在为顾客提供智慧解决方案、全场景的消费体验，满足用户个性化、定制化的生活需求。

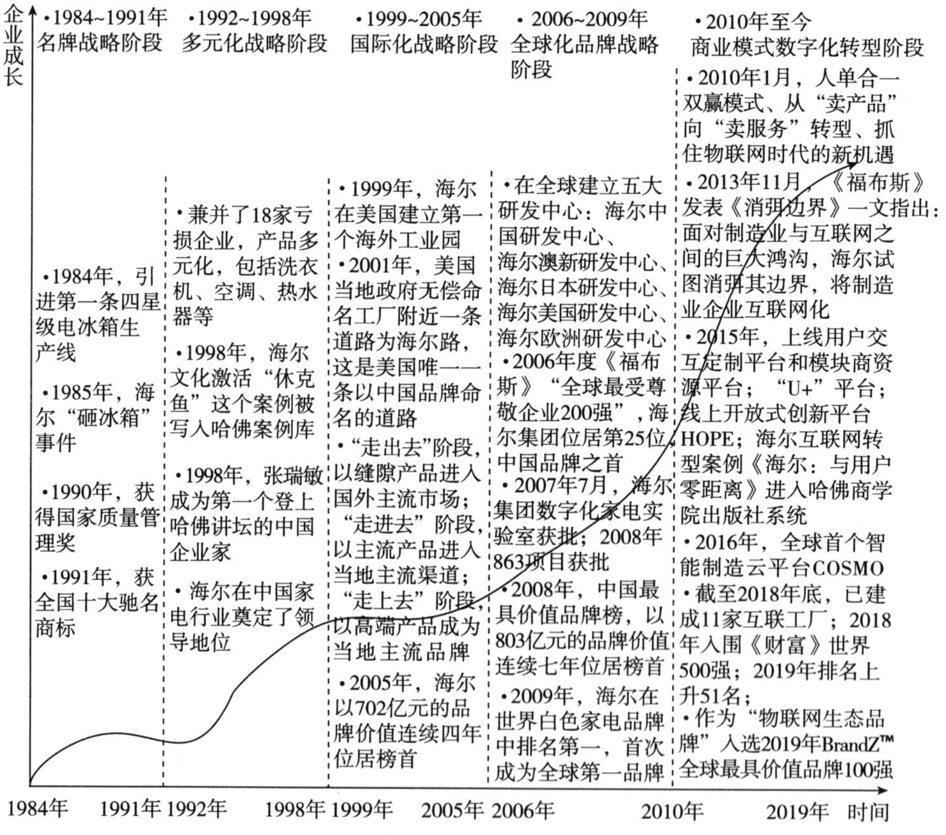

图 3-10　海尔企业成长的不同阶段

（2）海尔商业模式数字化转型战略布局重点：用户数字化与关键合作网络化。

数字经济背景下，海尔推进以物联网为基础的商业模式数字化创新，通过COSMOPlat 工业互联网云平台、U+智慧生活云平台以及用户社群交互平台的打造，为顾客提供智慧生活解决方案、全场景的消费体验，满足用户个性化、定制化的生活需求。海尔历年的研发投入如图 3-11 所示，信息体系人员于2015 年突破 10000 人，占员工总数的 15.8%，2018 年研发人员达到 14941 人，占员工总数的 17.09%，研发投入则达到 53.98 亿元。

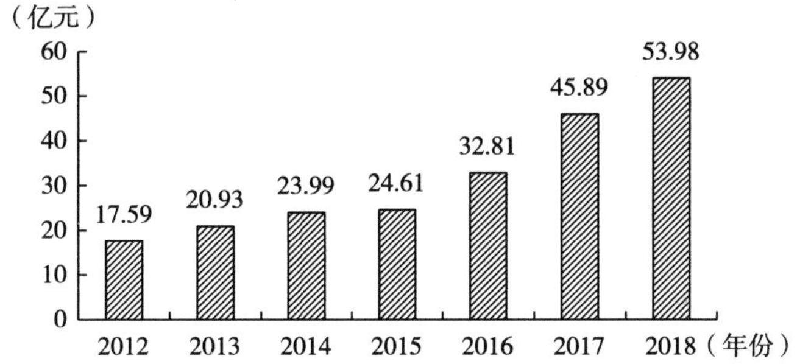

图 3-11　2012~2018 年海尔研发投入情况

海尔商业模式数字化转型战略布局重点主要体现在以下四个方面：

第一，以用户为中心，打造众创定制交互平台。

2016 年 3 月，海尔推出“众创汇”用户交互平台，该平台可提供模块定制、众创定制和专属定制三种类型的定制体验。用户可以参考海尔给出的个性化方案，也可以自己“上传我的创意”，产品“诞生”的整个过程，用户可以通过多种终端查看。2016 年 5 月正式上线第一批 HelloKitty 形象定制家电，到2016 年上半年，该平台上定制的产品销售达到 40.2 万台，用户流量达 300 多万人。另外，顺逛平台融合了线上线下店、营销网、物流网以及信息网和服务网等多个入口，实现了全天全时段的社群在线交互。与用户的直接互动，使对用户需求、消费趋势等的把握更加精准，同时反向驱动产品/服务的升级改造，为顾客提供全场景、个性化、定制化的解决方案打下了基础。2019 年 5 月 19

日上午，顺逛在青岛海尔冰山之角举办“先行者”空调新品发布会，这款由用户需求主导产品创意，以及用户参与研发、制造、销售全流程的海尔定制款空调，自交尾款起，3 小时内就能送到用户家中。发布会当天上午 10：00，仅仅 2 小时销售额就突破 2 亿元。

第二，对内构建智慧互联工厂，实现智能制造和用户大规模定制。

截至 2018 年底，海尔已建成沈阳冰箱互联工厂、青岛模具互联工厂等 11 家互联工厂，实现大规模制造向大规模定制升级，形成了全球领先的大规模定制解决方案。海尔推出的具有自主知识产权的工业互联网平台 COSMOPlat，实现了用户和互联工厂资源零距离交互、用户可参与全流程定制。目前该平台已链接工业设备 2600 万台，构建上千个工业 APP/工业模型、12 类开发语言/工具、上万个平台开发者，并已将海尔用户交互、研发创新、协同采购、智能制造、智慧物流、精准营销和智能服务七大模块数字化、产品化，形成赋能企业转型升级的成套解决方案。2018 年 2 月 COSMOPlat 获批首个国家级工业互联网示范平台，现已成为全球最大的大规模定制解决方案平台，并主导制定相应的国际标准，该平台 2018 年实现收入超过 70 亿元。

在大数据技术以及机器人的协助下，海尔的互联工厂可以做到定制化产品的批量生产，全流程透明可视，用户可全流程实时互联、云追踪。比如沈阳冰箱互联工厂是全球家电行业首个智能互联工厂，拥有全球第一条高柔性个性化定制总装线，核心工序均采用高自动化线体，物流实现了按定制需求快速柔性无人配送，智能 iMES 数字化系统可将生产过程中的产品、设备、质量等信息数据自动收集并智能分析，设备状态、维修等也可通过大数据分析来预测等，该工厂可支持 9 个平台 500 多个型号的柔性大规模定制。

第三，对外打造 U+智慧生活平台，赋能用户全场景解决方案。

2014 年 3 月 17 日，海尔推出全球首个 U+智慧生活操作系统，建立全开放的系统平台，可以让用户采用多种途径，如语音、多屏、触控等，与各种资源、创客、极客等在系统上直接交互，满足用户对智慧生活解决方案的个性化需求（李真，2017）。海尔以用户为中心的服务场景定制，包括定制交互、定制场景和定制服务，实现家庭主场景 200+、覆盖产品型号 4000+、推动“5+7+N”全场景解决方案持续规模销售，通过用户场景运营持续改善用户体验，实现场景个性化定制 10000+，场景互联稳定性达到 99%，引领智慧家庭进入全场景服务定制时代。

第四，打造开放式创新 HOPE（Haier Open Partnership Ecosystem）平台，实现关键合作网络化。

海尔坚持“世界就是我的研发部”的开放式创新战略，以用户需求为创新驱动，构建线上线下融合的开放式创新 HOPE 平台承接商业模式的数字化，跨越了企业边界，实现了全球用户、创客和创新资源的零距离交互（雷海美，2017），将用户、企业和资源纳入同一交互生态圈，从而持续不断地产生颠覆性解决方案。海尔的平台一边连着供应商资源，另一边连接着用户资源，通过开放式资源整合，创造用户价值（张小宁，2014）。通过社群内不同角色人群的有效协作，零距离交互，持续产出跨界及颠覆性创新成果。该平台目前注册用户数达到 40 多万人，平均每年产生的创意产出超过 6000 个，资源的匹配、产品的研发周期从 8 周缩短至 6 周。海尔以用户需求痛点为核心，整合全球用户及十大研发中心的资源，打造了“10+N”开放式创新体系，真正做到“用户需求和创新资源在哪里，海尔的研发中心就在哪里”，通过这样的方式为用户带去了极致体验。

三、商业模式数字化路径及其创造价值的机理分析

（一）理论总体框架

本节旨在探讨商业模式如何数字化、其创造价值的作用机理是什么以及与

价值创造间是线性还是非线性关系。为了更好地刻画价值创造的数字化路径、更好地衡量关键变量间的关系，更系统地剖析和揭示价值创造的内在机理和规律，本节构建的理论总体框架如图 3-12 所示。

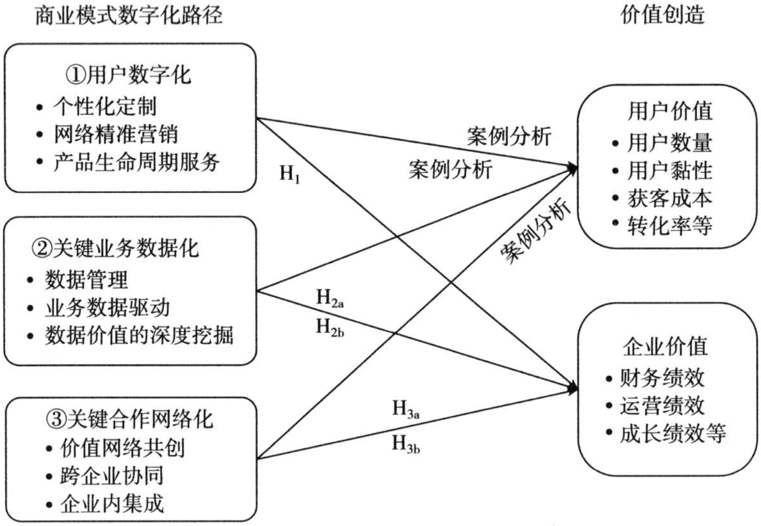

图 3-12　商业模式数字化路径与价值创造关系框架

其中，商业模式数字化是指企业通过使用数字化技术部分或整体更新商业模式的构成要素，以采用新的业务逻辑来为利益相关者创造、传递和捕获价值，从而引入新的商业模式的过程，而这种新的商业模式就被标记为数字化商业模式。用户数字化是指企业借助数字化技术识别出“真正的顾客是谁”，以帮助企业在合适的时间、合适的地点，以合适的渠道通路，为他们提供定制化的产品或服务，满足其个性化需求和极致体验的过程。关键业务数据化是指企业借助数字化技术对关键的业务活动进行数据管理、分析和数据价值的深度挖掘，以实现企业所提供的产品或服务与顾客需求间智能化、精准化匹配的过程。关键合作网络化一方面是指企业借助数字化技术或数字化平台或“在线的”产品与用户、供应商等利益相关者建立“在线”连接，实现实时互动的过程，以提升网络化协同互联水平，进而产生新的连接红利和价值源泉；另一方面指重构数字化的价值网的连接关系、网络结构、运营和交易方式等，以有效整合、利用企业内外部资源，更好地发挥企业外部资源优势来创造价值，同时实现系统大于部分之和。价值创造由用户价值和企业价值来度量，商业模式数字化各路径与用户价值间的正向关系在接下来的多案例研究中定性分析，而与企业价值间的U形/线性关系则通过后文的大样本实证研究来加以检验。

本节构建以上整体理论框架的依据主要有以下四点：

第一，商业模式数字化是商业模式创新的新范式或新路径。首先，由于商业模式创新是指某一个或几个构成要素的变化（Amit 和 Zott，2001，2011；Frankenberger et al.，2013；Foss 和 Saebi，2017；Amaury et al.，2019）或整体变化（Schneider 和 Spieth，2013；Spieth，2016），因此，商业模式数字化的路径可以通过改变商业模式的核心模块来实现。其次，由前文可知，商业模式的构成，学者们虽有不同的定见，如 Amit 和 Zott（2001，2011）将商业模式分为交易内容、交易结构和交易治理 3 个模块；Chesbrough（2010）认为其包括价值链、价值网络、盈利模式等 6 要素；Osterwalder 和 Pigneur（2010）则指出其包括顾客层面、价值主张、基础设施、盈利模式 4 个模块，但总体来看商业模式可由用户、关键业务、关键合作和盈利模式 4 个构成模块来加以概括。然而，盈利模式只是财务的体现，所以商业模式数字化可有三条途径：用户数字化、关键业务数据化和关键合作网络化。

第二，前文的案例分析以及表 3-4 至表 3-9 所归纳出的案例实践，可形成实务层面的支撑依据。根据前文对蓝色光标、苏宁及海尔的案例分析，可以看出三家企业在商业模式数字化的战略重点有所不同。例如，蓝色光标侧重于实现关键业务的数据驱动；苏宁重点关注用户数字化层面；而海尔则聚焦于用户数字化和关键合作网络化两个层面。由表 3-4 至表 3-9 可进一步看出，三家企业在用户数字化、关键业务数据化以及关键合作网络化三条路径上所采取的具体做法：如何通过个性化定制、网络精准营销和产品生命周期服务实现用户深度的数字化；如何通过对数据的管理、数据价值的深度挖掘等实现关键业务的数据驱动；如何通过价值网络的搭建、跨企业的在线协同实现关键合作网络化；等等。这些实务层面的具体实践为该理论框架提供了丰富的依据。

第三，两化联盟、德勤、埃森哲等的研究报告。根据两化服务融合联盟2015年和2016年有关中国企业互联网化指数发展的研究报告，数据驱动、用户主导、组织创新和企业互联是企业互联网化的四个关键特征，报告指出在互联网化转型的过程中，企业应面向用户需求，协同高效地开展信息对称的业务往来活动，通过信息网络重构业务流程，充分激发数据的驱动作用和增长潜能。德勤（2017）在有关中国零售企业数字化转型成熟度的评估报告中，列出了包括数字化客户、核心流程数字化、数字化商品和服务、数字化平台运营等十大指标。埃森哲（2017）则从规划（数字化战略）、生产（数字化生产与配送）、销售（数字化顾客互动）和管理（数字化企业文化和运营）四个方面构建了制造业数字化指数模型。以上研究报告为该整体框架模型的构建提供了重要参考。

第四，有关商业模式数字化路径已有的研究基础。如本书中的文献综述，有关商业模式数字化路径已有少量的文献基础，如一些学者探讨了用户的数字化以及对创新绩效的影响，还有一些学者则探讨了大数据对业务的驱动和绩效的影响，这也为本书的理论框架提供了一定的支撑。但是，有关关键合作网络化方面，现有的文献主要从资源整合的层面，围绕着价值网的连接关系、网络结构等层面来展开研究，而缺乏与用户、供应商等利益相关者建立“在线”连接，实现实时互动，以提升网络化协同互联水平，从而促进价值创造等方面的研究。例如，吴松强等（2018）以208家高技术企业的问卷调查数据为基础进行分析，发现联盟伙伴间的关系能正向促进联盟绩效，并且网络强度和网络稳定性均在信任、信息共享与联盟绩效的关系中起部分中介作用；路畅等（2019）借助制造业中的213家中小型企业的问卷调查数据，采用多元线性回归分析法，研究发现正式和非正式合作网络与创新绩效间呈显著的正相关关系，并且非正式的合作网络影响更大；Javier et al.（2019）通过对230家创业型中小企业进行分析，发现中小企业合作的网络化对企业绩效有显著的正向影响；梁杰和谢恩（2020）以我国医药制造业中的32家上市公司2007～2017年的164个研发联盟为研究对象，探讨了多个伙伴的合作关系断层对创新绩效的影响；等等。

（二）路径一：用户数字化与价值创造

用户数字化是指企业借助数字化技术识别出"真正的顾客是谁"，以帮助企业在合适的时间、合适的地点，以合适的渠道通路，为他们提供定制化的产品或服务，满足其个性化需求和极致体验的过程。数字化技术改变了企业与顾客之间交流、互动的方式（Selma，2019；Li，2018），顾客的主权意识开始觉醒（简兆权和曾经莲，2018；朱良杰，2017；吴瑶等，2017；万骁乐等，2017），顾客由原来的消费者，成为价值共创者（Caridà，2017；Dessart et al.，2015；Calder et al.，2013；Vargo和Lusch，2004；Prahalad和Ram，2004），而价值则嵌入在服务、产品个性化体验中而不仅仅是在产品中（Frank，2019）。用户数字化的一个典型特征就是用户深度参与甚至主导企业从研发、生产、营销、物流到售后等全流程，这在很大程度上缩短了顾客需求到产品/服务间精准匹配的时间和距离，提高了整体效率（Serravalle F. et al.，2019）。表3-4和表3-5归纳出了蓝色光标、苏宁和海尔三家案例企业通过个性化定制、精准营销和产品生命周期服务来实现深度的用户数字化的具体做法。由表3-5可知，用户数字化带来的结果之一就是促进了用户价值的创造。比如，用户精准画像方面，截止到2019年6月，苏宁拥有6亿张用户画像，而到2018年12月31日苏宁会员数量为4.07亿人，2018年12月苏宁月活跃用户数同比增长43.25%。用户参与和个性化需求满足方面，有用户在全流程中参与的大规模定制占比达16%，客户参与占比达52%；苏宁为用户搭建起跨越时空的智慧零售场景，满足用户在任何时间、任何地点的消费需求。转化率、复购率方面，顺逛平台平均转化率达8%，高于传统电商2%～3%；复购率为46.67%，也远高于传统电商平均值；等等。

表3-4　用户数字化的案例证据

测量维度	关键词	具体引用例证	标记结果
个性化定制	用户画像；个性化；定制化	①2018年3月，蓝色光标与拉卡拉宣布成立大数据研究院“昆仑堂”后，创建基于3亿名中国活跃消费者的画像库。②蓝色光标也与很多运营商展开合作，如微博、支付宝、微信、百度大数据部门等，对数据加以整合。③蓝色光标2014年开发的DMP能整合搜索、支付、社交、用户行为各种数据，加上CRM数据，基于此，形成了完整用户画像。④蓝色光标保持为客户提供高质量定制化服务。⑤“BlueMP”是蓝色光标自主研发的移动端HTML5快速建站平台化工具产品，该平台支持基于微信运营的多元化场景需求。⑥借助数字化技术，对消费者的大数据的深入洞察与挖掘，蓝色光标搭建起了智慧经营平台	N1（36条）；R1（7条）；P1（2条）；A1（2条）；G1（29条）；V1（5条）
	个性化；场景化；全时服务	①打造不同业态的互联网门店，从家电3C到生活百货，从智能科技到食品生鲜，苏宁不断以“千店千面”带给消费者个性化、场景化的消费体验。②打造面向用户的全时服务，不断深耕门户购物、垂直购物、本地购物以及社交购物。③通过销售数据分析，针对市场个性化、定制化需求，提前制订商品采购计划，以定制、代工等形式，形成差异化经营路线。④张近东，“……可以把握每一个消费者的行为数据，挖掘并更好地满足每个人的个性化需求”	N2（136条）；R2（5条）；P2（28条）；A2（5条）；G2（5条）；V2（3条）
	用户自由定制；全场景；大规模定制；定制交互、定制场景、定制服务	①“5+7+N”智慧全场景定制化成套方案，用户可以根据其个性化需求自由定制。②以用户为是，以自己为非。通过跨界联合IP形象资源方，构建粉丝社群以及IP定制生态圈。③打造U+智慧生活云平台、COSMOPlat工业互联网云平台（Cloud of Smart Manufacturing Operation，智能制造云平台）、顺逛社群交互平台三大平台，聚焦用户最佳体验的持续迭代……满足用户定制美好生活的需求。④自1984年创立以来，公司始终坚持以用户需求为中心的创新体系。“众创汇”用户交互平台上，用户可以参考海尔给出的个性化方案，也可以自己“上传我的创意”，产品“诞生”的整个过程，用户都可以通过多种终端查看，一切尽在“掌握”之中。⑤核心竞争力是以用户为中心，实现大规模制造向大规模定制的转变。⑥以“IoT+AI”双引擎为核心，实现“3”类定制能力——“定制交互、定制场景和定制服务”。⑦基于COSMOPlat平台，智能+5G大规模定制验证平台实现用户信息、数字化产品与技术场景应用全面连接	N3（323条）；R3（5条）；P3（43条）；A3（6条）；G3（35条）；V3（4条）

续表

测量维度	关键词	具体引用例证	标记结果
网络精准营销	广告精准投放；精准营销	①在社会化媒体投放领域，蓝色光标成立的大颜色科技公司，布局了独特的自媒体资源，能够帮助广告主实现精准投放。②结合底层的大数据构建，蓝色光标已经形成了从传统广告、移动广告到精准营销的全产业链营销布局。③蓝色光标国际业务总裁郑泓说："……智能就来自于对用户数据的理解、分析和洞察，并由此带来了一些精准营销的方式和方法论。再加上一些新的技术的驱动，比如说大的机器学习、人工智能这些方面，比如说 AR、VR 手段等，就能够更有效地锁定精准人群去做营销。"	N1（29 条）；R1（8 条）；P1（2 条）；A1（3 条）；G1（38 条）；V1（3 条）
	个性化推荐；精准营销	①苏宁解构出 6 亿名消费者的用户画像。②大数据平台能够辨识、了解用户需求，整合各类资源来精准满足用户个性化消费需求。③苏宁易购与用户的互动频率从以前的每月、每周正转化为每天、每小时。④全场景会员体系的贯通可获取更多用户标签，从多维度完善用户画像，支撑个性化推荐和精准营销	N2（78 条）；R2（6 条）；P2（35 条）；A2（15 条）；G2（19 条）；V2（2 条）
	精准；线上线下多维度立体营销	①海尔营销宝通过大数据需求预测模型分析，精准洞察用户购买需求，给市场销售人员赋能；社区热力图基于 LBS 定位，显示周边 30 个社区的老用户，并显示有多少人可能重复购买；用户热力图基于 LBS 定位，显示周边 5 千米的老用户，并显示有多少人可能重复购买（海尔数据战略发展总监孙鲲鹏）。②海尔交互宝通过大数据活跃度模型分析，精准洞察用户体验痛点，给产品研发人员赋能；活跃用户雷达基于用户交互数据，显示活跃用户，用于开展市场调研；用户痛点雷达基于用户服务数据，显示用户抱怨痛点，用于产品升级迭代（孙鲲鹏）。③针对目标用户积极实施线上线下多维度立体营销活动。④基于互联互通的用户大数据，对用户精准识别，给用户极致体验	N3（42 条）；R3（5 条）；P3（46 条）；A3（12 条）；G3（33 条）；V3（3 条）
产品生命周期服务	一站式；全生命周期	①Facebook 在中国的官方技术及数据合作伙伴多盟，拥有一站式的程序化广告平台，基于海量数据深度挖掘，能够为广告主提供包括策略、创意、投放优化等全生命周期的移动智能营销整合服务。②结合底层的大数据构建，蓝色光标已经形成了从传统广告、移动广告到精准营销的全产业链营销布局，加上其旗下拥有的 SNK、精准阳光、多盟和亿动等广告及创意公司，增强了其一站式移动营销解决方案的核心竞争力	N1（18 条）；R1（5 条）；P1（2 条）；A1（0 条）；G1（13 条）；V1（3 条）
	商品溯源	①自主研发出区块链商品溯源系统，能对商品的生产、加工、销售、物流等环节进行追溯，让用户能精确地一键查询所购商品的"前世今生"。②全场景会员体系的贯通可实现用户全周期管理，由销售产品延伸到全周期服务，培养终身用户	N2（18 条）；R2（5 条）；P2（24 条）；A2（2 条）；G2（27 条）；V2（2 条）

续表

测量维度	关键词	具体引用例证	标记结果
产品生命周期服务	全流程服务；一站式；用户终身价值；家居一体化	①为客户提供家电、家居及其他产品分销、物流、售后的全流程服务，以及其他增值服务。②基于在品牌、研发、智造、渠道、服务、生态和U+的全方位、立体化布局和引领，为消费者提供“一站式、全场景、定制化”的成套智慧家电解决方案。③……实现用户的终身价值。④始终围绕用户的高品质生活方式，提供家居一体化。⑤海尔衣联网是全球首个基于物联网的衣物全生命周期管理平台……。⑥用户、客户及攸关方参与全流程定制，新产品研发周期缩短、效率提高，不入库率达到71%，实现用户、研发资源、供应商资源参与产品全生命周期管理。⑦运用数据工具实现会员的全周期运营，融合全网管理，完善电商渠道下沉的触点建设，实现经营提效。⑧COSMOPlat平台通过云计算，采集到用户的行为数据，以及产品从设计到使用过程的全生命周期数据，基于对大数据的分析对产品不断进行更新迭代，从而生产出具有更多功能、价值更高的智能产品，实现产品升级（吕文晶、陈劲和刘进，2019）	N3（142条）；R3（4条）；P3（35条）；A3（3条）；G3（26条）；V3（3条）

表 3-5 用户数字化对价值创造的影响案例证据

测量维度	具体引用例证	价值创造结果
个性化定制	①基于需求提供不同组合定制化产品服务。②蓝色光标基于BlueMP的开放平台，开发者可自助完成应用上传服务，同时实现平台化应用收入+定制化服务的双向收入。③通过智慧经营平台，实现与消费者沟通及互动的自动化、精准化和个性化。④通过数据科技等技术，企业与用户间在互动的形式及内容等方面，发生了巨大的变化，传播效果以数据为驱动实现“可识别、可分析、可触达”。[N1（37条）；R1（6条）；P1（3条）；A1（3条）；G1（38条）；V1（5条）] ⑤苏宁不同业态的互联网门店，以“千店千面”带给消费者个性化、场景化的消费体验。苏宁物流能够针对不同的用户需求，提供个性化反向定制的一站式物流解决方案。⑥为用户搭建起跨越时空的智慧零售场景，满足用户在任何时间、任何地点的消费需求。⑦苏宁易购集团副董事长孙为民指出，“传统零售的最大短板是没有实现用户的数字化……”。[N2（46条）；R2（5条）；P2（17条）；A2（11条）；G2（12条）；V2（3条）] ⑧海尔COSMOPlat（Cloud of Smart Manufacturing Operation）已成为全球最大的大规模定制解决方案平台，用户全流程参与的大规模定制占比达19%，客户参与的大规模定制占比达52%。⑨海尔向用户提供的不再只是电器产品，而是全流程、全场景满足用户个性化体验需求的解决方案。⑩众创汇平台提供三种类型的定制体验：模块定制、众创定制、专属定制。2016年上半年，海尔众创汇定制产品销售40.2万台，众创汇用户流量达300多万人，而且每个月流量持续攀升。⑪海尔率先做成了端到端的“资源生态”，借助“成套、定制、迭代”三大差异化以及“5+7+N”的物联网全场景解决方案，为用户提供一站式生活服务。⑫实现家庭主场景200+，覆盖产品型号4000+；实现场景个性化定制10000+，场景互联稳定性达到99%。⑬2019年海尔与品牌家居达成跨界合作，推出“童话家”，将卡通形象、童话故事融入定制家居与定制电器。[N3（342条）；R3（6条）；P3（54条）；A3（13条）；G3（35条）；V3（3条）]	①蓝色光标创建了3亿中国活跃消费者画像库；2019年6月苏宁6亿用户画像，截至2018年12月31日苏宁会员数量4.07亿人，2018年12月苏宁月活跃用户数同比增长43.25%；海尔生成360度用户画像，标签超过61亿条。②由苏宁拼购、苏小团、苏宁推客构建的社交矩阵触达用户已经超过5亿人。③苏宁基于C2B反向定制个性化家电产品，已上市的有倍科、巴萨、海信世界杯定制款、国米定制冰箱等冰箱洗衣机产品。④有用户

续表

测量维度	具体引用例证	价值创造结果
网络精准营销	①蓝色光标能够帮助广告主实现精准投放。②迈片互联通过营销互动智能化场景改造、精准的场景品效投放、完整的户外广告投放，帮助广告主实现针对优质潜客的曝光、深度沟通、售卖及用户管理。［N1（23条）；R1（2条）；P1（3条）；A1（3条）；G1（33条）；V1（4条）］③苏宁会员通过线上或线下渠道进行购物，与其相关的大数据上传并在云端加以保存，之后苏宁小店会进行精准推送。④苏宁的智慧供应链实现C2B定制，让用户当“产品经理”，再以大数据为基础，实现产品精准推向市场。⑤苏宁借助与6亿张用户画像相关的大数据，整合需求与研发，建立C2B反向定制模式，进行精准营销。⑥苏宁红孩子，基于用户消费行为等大数据的分析及价值的深度挖掘，采用精准营销，与会员群体密切互动……针对用户需求提供个性化、定制化产品。⑦针对红孩子会员，对45天内都没有产生纸品购买行为的，通过邮件的方式进行精准推送。⑧通过满足顾客差异化需求和精准的会员营销，2014年7月“疯抢72小时”大促活动，面膜、防晒霜、卫生巾等商品的销售量同比上涨300%；8月新增购物会员单日破10万单，3天内史无前例地增加到50万单；10月，通过对大数据进行分析，向近期未购买面膜的用户赠送礼券，在短短5天内就卖出300万片面膜（葛明磊、张丽华和黄秋风，2018）。⑨张近东指出，“通过大数据精准营销、C2B反向定制，发挥了更大的作用。比如在全国手机销售下滑的大背景下，苏宁通讯公司实现了69%的逆市增长，尤其是线上的增幅达到了191%。［N2（78条）；R2（3条）；P2（19条）；A2（7条）；G2（35条）；V2（1条）］⑩海尔通过营销宝、交互宝以及社群交互等获取用户大数据，实现对用户的精准营销，带去极致体验。［N3（25条）；R3（4条）；P3（19条）；A3（15条）；G3（16条）；V3（2条）］	在全流程中，参与的大规模定制占比达16%，客户参与占比达52%。顺逛平均转化率达8%，高于传统电商2%～3%；复购率为46.67%，也远高于传统电商平均值。⑤海尔牵头制定了三项大规模定制模式国际标准。⑥海尔从2016年开始第一代数字化定制加工线，到第二代“模块化柔性制造线”与第三代“大规模定制智能线”，第四代已创新开放为验证平台。⑦2015年3月5日，首款个性化专属定制、喷印了夫妻婚纱照的免清洗洗衣机在海尔互联一厂下线。⑧由海尔申报的《基于COSMOPlat工业互联网平台的大规模定制管理》在全国219项获奖成果中脱颖而出，荣获一等奖。⑨顺逛定制海尔“先行者”空调上市仅2小时销售额破2亿元。⑩海尔2048种送风组合，量身定制舒适温度。⑪沈阳冰箱互联工厂拥有全球第一条高柔性个性化定制总装线，实现支持9个平台500多个型号的柔性大规模定制
产品生命周期服务	①蓝色光标能够为广告主提供包括策略、创意、投放优化等全生命周期的移动智能营销整合服务。［N1（7条）；R1（2条）；P1（1条）；A1（2条）；G1（5条）；V1（0条）］②2018年，苏宁物流与宜家家居达成合作，为其提供揽配装一体化服务，服务体验提升效果明显，全链路时长缩短10.9%，包装费用降低36%，用户满意度提升到99.83%。③自主研发出区块链商品溯源系统，能让用户精确地一键查询所购商品的“前世今生”。④苏宁物流以苏宁小店为中心，依托“前置仓+即时配”模式，打造“1小时生活圈”，为3公里范围内的社区消费者提供30分钟、1小时即时配送服务、准时达、限时达、急速达服务。“生活帮”为社区用户提供快递自提、家电清洗和维修、家政保洁等12项生活服务。［N2（47条）；R2（5条）；P2（11条）；A2（3条）；G2（34条）；V2（1条）］⑤海尔衣联网是全球首个基于物联网的衣物全生命周期管理平台，为用户提供洗、护、存、搭、购全生命周期的智慧解决方案（陈莉，2019）。⑥用户、客户及攸关方参与全流程定制，新产品研发周期缩短、效率提高，不入库率达到71%。实现用户、研发资源、供应商资源参与产品全生命周期管理。［N3（17条）；R3（5条）；P3（43条）；A3（15条）；G3（22条）；V3（2条）］	

接下来本书采用理论与案例企业具体实践相结合的方式，论证用户数字化与企业价值间的关系以及背后的作用机理，并得出相应的命题假设。

第一，基于时间、地点、生活方式、待办事项等场景元素对用户进行精准画像，使用户变得可识别，有利于发现并精准满足用户个性化需求，提高顾客满意度，增强企业盈利能力和发展能力，从而促进企业价值创造。“精”是精细，场景化就是精细化的一个方向，“准”是越来越准确，精准就是在合适的时间、合适的地点，将合适的产品以合适的方式提供给合适的人，也即“和对的人在对的场景讲对的话”，真正给到用户“量体裁衣”式的体验，从而建立稳定的忠实顾客群。数字化环境下，用户的时间“旅程”、与产品或服务的交互以及企业满足用户期望的价值和体验所需的过程和资源，都能被清晰地记录下来（Caroline et al.，2019；Farrel，2017；吴声，2015），通过大数据实时分析用户行为，从而为他们提供定制的产品或内容选择，这就能够帮助企业更好地回答：“如何改善用户体验？在哪里可以改善？”和“企业如何改变运营和整合资源以改善用户体验？”因此，用户数字化，使得企业对顾客是谁真正做到了可识别，并且也真正做到以用户为中心（Stickdorn，2018），企业与顾客之间的“心有灵犀”就可以被创造出来（埃森哲，2018），企业与用户之间的关系得到增强（Serravalle et al.，2019；Müller 和 Bostrom，2016；Shawar 和 Atwell，2007），同时也提高了用户参与度、忠诚度和黏度（马冬妍等，2018），进而以更有效的途径、更高的效率、更精准地满足了用户个性化需求，促进了价值创造。

从实践层面看，企业纷纷通过用户画像精准识别顾客是谁。结合表 3-4 和表 3-5，访谈中，苏宁集团原副董事长孙为民明确指出，“传统零售的最大短板是没有实现用户的数字化……”。蓝色光标在 2014 年开发的 DMP 能整合搜索、支付、社交以及用户行为等方面的各种数据，同时，也与微博、支付宝、微信、百度大数据部门等运营商展开合作，进一步整合用户数据。到 2018 年 3 月，蓝色光标与拉卡拉成立大数据研究院“昆仑堂”，创建了以 3 亿中国活跃消费者为基础的画像库。基于对消费者的深入洞察与理解，蓝色光标保持为客户提供高质量定制化服务。同样，访谈中，海尔数据战略发展总监孙鲲鹏说道，“数据的本质是人，目前，海尔 SCRM 系统（社会化客户关系管理，Social Customer Relationship Management）已连接 1.4 亿条线下实名数据和 19 亿条线上匿名数据，包括地理位置、兴趣爱好、使用偏好等七个层级，每个层级最多可达 143 个维度，超过 5000 多个节点（李洋和邓迪，2017），用户画像标签达 61 亿条，生成 360 度用户画像，通过对用户需求的精准识别和把握提升了海尔销售环节效率……”。通过以上实例分析不难发现，以大数据为基础的用户数字化，有助于实现精准化、个性化的顾客经营，从而通过企业运营效率、盈利能力等的提升来促进价值创造。

第二，基于全景的用户精准定位和精准营销，能更好地满足用户期待的随时随地随性进行“场景触发式购物”，降低顾客总成本、增加顾客总价值，进而增强企业的运营能力、盈利能力和发展能力，促进企业价值创造。以低成本、高效率全面获取用户的需求、反馈、习惯、喜好等各方面信息，实现精准用户画像，为精准营销和个性化定制提供了有效支撑（刘曦子，2017）。数字化时代的消费者呈现出了一些时代特征，如无论他们是在家里休息、在公司工作、在出游的途中，还是在购物商场，都可以被连接起来，真正实现在各种场景里涵盖了整个销售流程（售前、售中和售后）、从开始到结束（所谓端到端）的完整购物和服务的无缝体验。精准营销缩短了营销渠道，吸粉或获客成本的降低，商品的销售成本和价格、顾客购买的货币成本也随之降低。再者，基于大数据的精准营销使顾客可以通过媒体和线上多种手段直接获取商品信息，使信息搜寻的时间成本与精力成本都得以降低。另外，线上线下全渠道购物，既节约时间又省去了很多麻烦，进一步降低这两项成本，由此交易费用下降，也促进了企业价值创造。

从具体实践看，用户数字化，使企业高性价比、高效率的精准营销和大规模个性化定制成为现实，从而提高企业的运营能力、盈利能力和发展能力，促进价值创造。结合表 3-4 和表 3-5，在社会化媒体投放领域，蓝色光标成立的大颜色科技公司，布局了独特的自媒体资源，能够帮助广告主实现精准投放。同时结合底层的大数据构建，蓝色光标已经形成了从传统广告、移动广告到精准营销的全产业链营销布局，客户可通过采购单一定制化营销传播技术产品，或提供不同组合定制化产品服务，精准满足用户的个性化需求，从而增强了其一站式移动营销解决方案的核心竞争力，也奠定了蓝色光标在国内广告业务领域的行业地位。苏宁在对 6 亿张用户画像的大数据分析和深度挖掘基础上，将用户需求与产品研发进行整合，同时建立 C2B 反向定制模式，进行精准营销（陈思雨，2019）。同样，海尔以用户为中心，通过营销宝、交互宝以及社群交互等获取用户大数据，实现对用户的精准营销，并且不断升级了数字化营销平台，通过建立大数据运营平台推进精准营销的落地、探索虚实互动营销模式。海尔通过大规模定制解决方案 COSMOPlat 平台，以多种定制方案精准满足用户的个性化需求，为用户带去了极致体验。在大规模定制过程中，用户全流程参与的定制占比达到了 19%，仅有客户参与的定制占比则达到了 52%，实现场景个性化定制 10000+，场景互联稳定性达到 99%。通过以上实例不难发现，以大数据为基础的用户数字化，使精准营销和大规模个性化定制成为现实，从而有助于提高企业的盈利能力和发展能力，促进价值创造。

第三，根据价值共创理论，用户的角色已从消费者转变为价值共创者，通过连接和互动参与产品生命周期服务，产生连接红利（罗珉和李亮宇，2015），促进价值创造。一方面，互联网等数字技术将企业与顾客的距离无限缩短，价值创造的动因由供给方的资源或产品，演变为需求方的顾客参与及其与企业的连接与互动（Vargo 和 Lusch，2004；吴瑶等，2017），企业与消费者拥有的互补性异质资源构成价值共创的资源基础，通过互动实现知识转移进而促进创新绩效（张婧和何勇，2014；周文辉等，2015）。另一方面，数字化赋予企业与用户持续交互的能力，提供了与消费者即时和直接的互动渠道，企业对顾客的服务不再止步于产品销售的完成，而是顾客能深度参与甚至主导企业从研发设计、生产制造、市场营销到物流配送以及用户服务延伸的全过程，大幅缩短了从需求到产品的距离。同时，数字化平台也可以聚集不同的用户群进行交互作用，用户社区间存在很强的互补性和互动性，显著影响顾客体验价值（李曜娜，2019；武文珍和陈启杰，2017；杨学成和涂科，2016；钟振东等，2014），尤其是情感体验（杨学成等，2016），可以增加用户黏性，以产生正的网络效应，从而促进价值创造。

从具体实践看，一方面，企业提供基于产品生命周期的服务，有助于培养终身用户，增强企业的盈利能力和发展能力；另一方面，用户通过连接和互动等方式参与产品生命周期服务，能够以更快的速度响应顾客需求变化，提高顾客满意度，增强顾客价值，从而促进价值创造。结合表3-4和表3-5，蓝色光标能够为广告主提供包括策略、创意、投放优化等全生命周期的移动智能营销整合服务；苏宁推出的以区块链技术为基础的商品溯源系统，能反向追踪到产品的生产、制造、运输、销售等各个具体环节，让用户能精确地一键查询所购商品的“前世今生”；海尔衣联网是全球首个基于物联网的智慧化为客户提供集清洗、护理、存储、搭配、购买于一体的全生命周期服务管理平台，该平台实现了对用户的全周期管理，由销售产品延伸到全周期服务，培养终身用户，实现经营提效。比如2018年，苏宁全链路时长缩短10.9%，包装费用降低36%，用户满意度提升到99.83%。再者，用户参与全流程定制，有助于缩短新产品研发周期，提高效率。比如海尔产品不入库率达到71%，降低了成本，增加了顾客价值、企业的盈利能力和发展能力，等等。

因此，结合表3-4和表3-5，根据上述分析，本书提出如下假设：

H_1：用户数字化与企业价值创造间呈正相关关系，即能正向促进企业的运营能力、发展能力和盈利能力。

（三）路径二：关键业务数据化与价值创造

关键业务数据化是指企业借助数字化技术对关键的业务活动进行数据管

理、分析和数据价值的深度挖掘，以实现所提供的产品或服务与顾客需求间智能化、精准化匹配的过程。与传统的产品或服务不同，以 AI 为基础的数字化技术通过收集和分析大量数据可以发现新的数字化业务，以增加其附加值（Caroline et al.，2019；Rzepka 和 Berger，2018）。数据已然成为了企业生产新的关键生产要素（曾锵，2019；施德俊，2019；Nambisan，2017），是数字化企业的命脉，又是支持复杂的业务决策、驱动持续增长的保障（埃森哲，2018；简兆权等，2018；刘曦子，2017）。关键业务数据化涉及对业务活动进行数据化管理、分析和数据价值的深度挖掘，将数字技术集成到业务流程中（Selma，2019；Liu et al.，2011），背后的结果就是实现企业产品或服务与顾客需求间的精准匹配。比如，根据表 3-6 和表 3-7，蓝色光标通过对各项业务的全面数据化，实时、动态、智能、精准地对关键的业务流程进行精细化管控；通过对大数据的运用和数据挖掘，精准识别用户的需求偏好、行为特征、生活方式、产品或服务的应用场景等（Frank，2019；刘曦子，2017），使其 2018 年营业收入超过 231 亿元，数字科技业务营收占比近 90%，超过 20%的创意由智能服务机器人完成。蓝色光标董事长兼 CEO 赵文权指出，“目前的蓝色光标已经是一家数据科技公司，八成以上的收入源自数据科技”。再如，海尔 COSMOPlat 平台是全球首创的智能+5G 大规模定制验证平台，通过与利益相关者共享数据以及动态协同（简兆权等，2018，2015；朱良杰，2017；Singaraju et al.，2016），这个平台实现了多个世界级创新，降低了交易成本，更快速、更精准地响应客户个性化需求，满足全球用户体验，促进了用户价值创造。

接下来，同样采用理论与案例企业具体实践相结合的方式，深入探讨关键业务数据化与企业价值创造间的关系及背后的作用机理，并提出相应的命题假设。

表 3-6 关键业务数据化的案例证据

测量维度	关键词	具体引用例证	所属企业及标记结果
数据管理	数据资产；数据整合	①蓝色光标国际业务总裁郑泓在接受 ADWEEK 采访时表示："蓝色光标基于 20 多年来的营销传播服务，已经沉淀了大量的营销数据资产，涵盖了需求、供给、对未来趋势的启示和对过往经验的总结，近几年我们更是不断通过业务创新和投资并购增加数据和技术基因……"②蓝色光标也与很多运营商展开合作，如微博、支付宝、微信、百度大数据部门等，对数据加以整合	N1（73 条）；R1（8 条）；P1（4 条）；A1（0 条）；G1（52 条）；V1（2 条）
	数据采集；海量数据	①苏宁门店数字化，用户到店前，通过门店周边人群大数据识别用户，……；用户进入门店后，通过热力图，对多少客流、男女比例、年龄层次分布、用户轨迹、在货架停留时间，关注哪些商品等进行数据采集。②互联网转型过程中，苏宁一方面沉淀了大量的与消费者相关的数据，另一方面形成数据化运营思维，现有智慧零售数据产品近 200 个。③苏宁副董事长孙为民指出，"……数据是互联网时代的资产……经过多年的互联网转型，苏宁全产业已拥有海量的线上线下数据资源，并形成坚定的数据化运营思维……"	N2（82 条）；R2（11 条）；P2（24 条）；A2（7 条）；G2（25 条）；V2（3 条）
	沉淀数据；数据管理中心；数据互联互通；用户数据	①在产品概念开发或产品迭代期间，通过面向用户的小程序及沉淀数据的场景库后台两大微洞察工具，以图片、视频、文字等形式在线采集用户一段时间内的行为活动及体验数据。②访谈中，海尔数据战略发展总监孙鲲鹏指出，"识别用户、识别家庭、识别产品，用户数据全流程互联互通；用户体验全流程并联闭环，实现三个极致：一扫注册、一键服务、一生关怀……海尔建立企业级用户数据管理中心：打通各个用户触点，实现数据互联互通，优化用户体验……"③网器可以自动回传运行数据给海尔，海尔在后台可以直接对用户的数据进行分析，预测故障并提前登门维修检测等（李洋和邓迪，2017），用户、设备、产品和故障四码合一。④海尔收集的用户数据包括会员数据、交互数据、订单数据、行为数据、服务数据、机器设备、物流数据等。⑤数据管理平台负责人孙坤鹏指出，"打通海尔线上、线下、售前、售中与售后等各个环节与用户接触的点，实现底层数据的互联互通，从而建立一个企业级的用户数据中心（李洋和邓迪，2017）	N3（175 条）；R3（6 条）；P3（43 条）；A3（11 条）；G3（53 条）；V3（3 条）

续表

测量维度	关键词	具体引用例证	所属企业及标记结果
业务数据驱动	智能；精准	①蓝色光标推出的 14 款小蓝机器人家族产品，从目标洞察到策略制定，到形成以数据分析为基础的创意产出，再到全渠道的精准投放，到营销最后效果的最终监测及评估，整个链条形成智能营销闭环。②蓝色光标 COO 熊剑表示，“借助 AI 技术，小蓝机器人让营销人从数据整理、素材分析等繁杂的工作中解放出来……这将极大提高营销人员的工作效率……”	N1（273 条）；R1（8 条）；P1（3 条）；A1（4 条）；G1（34 条）；V1（7 条）
	自动化；无人智能运营	①分布数据及商品消费模型驱动反向定制式采购，在线及场景销售自动化、自助化……服务可视化并形成流水型反馈，以及商品使用在线化。②苏宁零售技术研究院院长王俊杰认为：“……苏宁已经开发出一整套成熟、成体系的无人店智能运营系统，包括控制感应门、温度调控的全感知中控系统、人机交互系统、支付系统、24 小时客服服务系统等，使夜间的苏宁小店 Biu×24h 成为一家真正的智能无人便利店。”③苏宁科技 COO 荆伟认为：“苏宁门店数量已超 10000 家。苏宁可售的商品大概有 4000 万 SKU，用 AI 来实现对门店的选品……实现了线下的千人千面。”④鲍俊伟认为，“微店可以记录有多少人访问了，其中有多少人成交，有多少人只是来逛逛，看了哪些商品，便于为微店的二次营销做准备，这是线下门店不可能办到的精准和个性化销售。⑤张近东认为，全面的互联网化，可简单分为前台和后台的互联网化，即与用户沟通、交互、管理的手段要运用互联网技术，线上线下融合满足用户需求；后台的互联网化，即企业要运用云计算、大数据等数字化技术提升运营效率。⑥苏宁物流……顾客在线上下单买了一款产品，通过数据分析，会安排一个离他最近的门店进行配送，有的顾客在半小时内就拿到了产品，满足用户极致体验	N2（64 条）；R2（10 条）；P2（17 条）；A2（7 条）；G2（55 条）；V2（2 条）
	智慧解决方案；智能化	①为消费者提供成套智慧家庭解决方案，创造美好生活体验。②大容量、健康化、智能化、艺术化产品日益受到人们的青睐。③海尔数据战略发展总监孙鲲鹏认为，“智慧服务，海尔智能设备故障会自动反馈，人工智能即时服务用户……数据的本质是人，数据的价值在于互联互通，数据的应用在于业务驱动”（李洋和邓迪，2017）……④海尔已建成 11 家全球引领的互联工厂，且形成全流程互联互通的能力和生态体系，设计、研发、制造的全流程协同。⑤中国独创、全球引领的工业互联网平台——COSMOPlat，将海尔互联工厂模式和知识数字化，平台已链接工业设备 2600 万台，构建上千个工业 APP。⑥智能识别同一房间内不同用户最佳体感温度，结合智能 APP 管理，全方位为用户提供极致体验。⑦推出行业首个 E+物联云平台。⑧通过加载智能模块，热水器自动记录并分析用户的用水习惯，提前主动加热，达到提高节能和舒适度的效果。⑨根据环境温度自动匹配最佳频率	N3（435 条）；R3（7 条）；P3（45 条）；A3（16 条）；G3（35 条）；V3（4 条）

续表

测量维度	关键词	具体引用例证	所属企业及标记结果
	挖掘数据价值；大数据的利用	①基于大数据分析与算法优化技术能力……挖掘数据价值用于分析判断，帮助客户利用大数据及社交网络的实现与消费者沟通及互动的自动化、精准化、个性化的顾客经营。②蓝色光标国际业务总裁郑泓认为："蓝色光标大概在五六年前就提出了一个数字化、国际化双引擎这样一个口号，1.0 基本完成，业务在超过百分之八九十以上都是数字化收入，这个比例无论是在中国还是世界级的传播公司相比都是相当高的。"	N1（21 条）；R1（5 条）；P1（4 条）；A1（4 条）；G1（32 条）；V1（3 条）
数据价值深度挖掘	挖掘数据价值	①通过销售数据库分析，预判市场需求，将采集到的大数据分享给供应商或制造商，双方协作，生产和销售更多适销对路的产品，共同实现门店数字化的应用，挖掘数据价值，进一步为消费者提供更符合其需求的产品和服务。②苏宁运营总部执行副总裁李斌说，"……苏宁大数据分析团队通过对线上线下女性用户的购买习惯和购买路径进行统计分析，将目标迅速锁定到纸品、卫生巾、奶粉、美妆等品类"。③苏宁用大数据掘金 2 亿元母婴市场。④苏宁大数据中心技术总监张侦认为，"苏宁大数据平台要利用数据挖掘技术和机器学习，实现采得全、存得下、算得快，并且以此为基础来构建核心竞争能力……通过从数据中挖掘、整理出的关键信息，来辅助决策"。⑤通过对线上线下数亿名用户数据的挖掘，为供应商提供一系列包括营销产品、精准推荐、商品定制和供应链管理等在内的工具和应用。基于大数据挖掘的精准营销服务工具，如聚宝盆、烽火台、指南针等，为中小商户的快速发展插上互联网的翅膀	N2（11 条）；R2（3 条）；P2（13 条）；G2（8 条）
	智慧家庭生活服务商；提升增值价值；提供增值服务	①沈阳冰箱互联工厂通过实施智能 iMES 可集成制造执行系统数字化将生产过程中的产品、设备、质量等信息数据自动收集并智能分析，可在产品发生变异前采取措施来预防瑕疵品的产生；设备状态也可通过设备参数的大数据分析来预测，进行事先维修。②强化大数据 AI 在用户场景的应用，提升网器的增值价值，初步实现了从被动控制到主动服务。③食联网以智慧冰箱、厨电为入口，基于智慧厨房场景产生的饮食习惯等数据，与个人的健康数据相结合，提供体检健康监测、智慧烹饪、安心食材购买、营养方案制定等增值服务	N3（37 条）；R3（6 条）；P3（23 条）；A3（7 条）；G3（22 条）；V3（2 条）

表 3-7　关键业务数据化对价值创造影响的案例证据

测量维度	具体引用例证	价值创造结果
数据管理	①蓝色光标国际业务总裁郑泓在接受 ADWEEK 采访时表示："数据科技的作用已经覆盖到营销全链条……以大数据和人工智能为核心的 AI 技术将会变革整个营销领域，让营销变得更智慧、更有价值……"②每天通过机器自动产生的营收达到约 200 万元的规模，每天产生的数据量已经达到 4TB。[N1（13 条）；R1（3 条）；P1（2 条）；A1（4 条）；G1（22 条）；V1（2 条）]③苏宁前副董事长孙为民认为："数据是互联网时代的资产……"④经过多年的互联网转型以及智慧零售的发展，苏宁全产业已拥有超 6 亿会员以及海量的线上线下数据资源。⑤访谈中，张近东说，"借助大数据征信技术，丰富风险管控手段，提升风险管控效果和用户体验"。[（76 条）；R2（11 条）；P2（22 条）；A2（17 条）；G2（37 条）；V2（4 条）]⑥通过互联网，企业和用户都实现了在线化，用户行为是可以被数据化的，企业获得的用户反馈更加及时和精准。⑦中国独创、全球引领的工业互联网平台——COSMOPlat，将海尔互联工厂模式和知识数字化，平台已链接工业设备 2600 万台，构建上千个工业 APP。[N3（378 条）；R3（6 条）；P3（25 条）；A3（19 条）；G3（74 条）；V3（3 条）]	①多盟跻身"2018 中国大数据创新企业 TOP100"和"2018 中国大数据创新企业亿元俱乐部"。②迈片互联获"2018 中国大数据应用最佳实践案例奖"。③2018 年 8 月，发布 14 款智能营销产品组成的智能自动化人机交互产品家族。④2018 年营业收入超过 231 亿元，数字科技业务营收占比近 90%，超过 20% 的创意由智能服务机器人完成。⑤2018 年 10 月，苏宁发布了包括智能魔镜、智能烟灶机在内的 10 款智能家居新品。⑥2018 年 10 月，苏宁拥有各业态互联网门店超过 7000 家，真正实现了线上线下融合。⑦2018 年苏宁线上销售规模 2083.54 亿元，占比 85.05%，远高于行业内的其他大型平台。⑧海尔 COSMOPlat 推出了全球首创的智能+5G 大规模定制验证平台。这个平台实现了多个世界级创新，为海尔 COSMOPlat 大规模定制模式的全球复制与落地提供技术能力支撑，满足全球用户体验。⑨2018 年建设了 4 个智慧家庭城市体验中心、423 个全屋智慧家庭集成店、3037 个全网智慧家庭体验店
业务数据驱动	①多盟能够基于海量数据深度挖掘为广告主提供策略、创意、投放优化等全生命周期的移动智能营销整合服务。②通过大数据技术的实践和应用，迈片互联也在不断地帮助广告主实现线下实体店的精准营销。③小蓝机器人实现了营销行业内"创意+数据+产品+资源+服务"的深度融合及营销智能闭环。④idataBot 是一款以大数据分析和处理以及机器学习为基础的营销数据平台，它能够从产品定位到投放等各个环节帮助企业进行决策预判，可使营销人员的资料收集速度提升 3 倍以上，策划案的产出速度提高 2 倍以上。⑤撰稿机器人"妙笔"更注重核心稿件的裂变能力，能在 1 秒钟内改编出数千篇适用于不同媒体平台风格的稿件。⑥蓝色光标董事长兼 CEO 赵文权最后指出，"目前的蓝色光标已经是一家数据科技公司，八成以上的收入源自数据科技"。⑦董事长兼 CEO 赵文权 2016 年 7 月在戛纳接受采访时说："过去 6 年，业务增长了 20 倍。"⑧蓝色光标国际业务总裁郑泓说："蓝色光标大概在五六年前就提出了数字化、国际化双引擎，1.0 基本完成，业务在超过百分之八九十以上都是数字化收入，这个比例无论是在中国还是世界级的传播公司都是相当高的。"[N1（232 条）；R1（8 条）；P1（5 条）；A1（11 条）；G1（85 条）；V1（8 条）]⑨2017 年 8 月始，苏宁无	

续表

测量维度	具体引用例证	价值创造结果
业务数据驱动	人店相继落地，刷脸进店、刷脸支付、大数据推荐、颜值测试等前沿科技和创新玩法给消费者带来惊喜，突破了 AI 技术商业化应用的困局。⑩苏宁零售技术研究院院长王俊杰指出："相关数据显示，单间 Biu×24h 店月销售额能提升至少 10000 元，人力成本减少 2 人。"⑪苏宁通过大数据的应用，使线上线下全渠道融合……从而满足消费者随时随地的购物需求。［N2（32 条）；R2（8 条）；P2（21 条）；A2（15 条）；G2（29 条）；V2（3 条）］⑫为消费者提供成套智慧家庭解决方案，创造美好生活体验。⑬设计、研发、制造的全流程协同。［N3（132 条）；R3（5 条）；P3（33 条）；A3（16 条）；G3（52 条）；V3（3 条）］	
数据价值深度挖掘	①撰稿机器人"妙笔"掌握了模拟人工大量改编新闻稿件的技能，能在 1 秒钟内改编出数千篇分别适合微博、微信、头条、新闻网站等不同媒体平台风格的稿件。②"AI 技术正在重塑整个营销行业"，蓝色光标 COO 熊剑表示，"……营销过程中的数据可以被实时抓取……可以在系统内沉淀，并促进以后的营销决策、创意产出……"③Facebook 在中国的官方技术及数据合作伙伴多盟，拥有一站式的程序化广告平台，基于海量数据深度挖掘，能够为广告主提供包括策略、创意、投放优化等全生命周期的移动智能营销整合服务。［N1（77 条）；R1（5 条）；P1（3 条）；A1（2 条）；G1（46 条）；V1（4 条）］④苏宁通过数字技术对 2.87 亿条冰箱相关数据进行分析，从而了解到消费者对冰箱诉求的变化，再和家电厂商个性化定制生产符合消费者需求的冰箱，该冰箱上市后实现了连续两个月线上线下销量排名第一。⑤苏宁科技 COO 荆伟认为："从原来靠经验的选品，逐步过渡到以 AI、大数据作为基础的技术选品，我们的总精度提升了 15%~20%，这里面产生的效益是非常巨大的。"［N2（39 条）；R2（7 条）；P2（21 条）；A2（7 条）；G2（43 条）；V2（2 条）］⑥强化大数据 AI 在用户场景的应用，提升网器的增值价值，初步实现了从被动控制到主动服务。⑦食联网以智慧冰箱、厨电为入口，基于智慧厨房场景产生的饮食习惯等数据，与个人的健康数据相结合，提供体检健康监测、智慧烹饪、安心食材购买、营养方案制定等增值服务。［N3（332 条）；R3（4 条）；P3（42 条）；A3（14 条）；G3（31 条）；V3（2 条）］	

第一，数据已经成为新的关键的生产要素，是为企业带来新的价值增值的价值源泉。从历史角度看，每一次经济形态的重大变革，都会催生且需依赖新的生产要素。如图 3-13 所示，从农业经济时代到工业经济时代，生产要素从劳动力和土地，增加为劳动力、土地和资本；再到数字经济时代，随着互联网等信息网络技术，以及大数据、云计算、人工智能等数字化技术的飞速发展，数据每年以 50%的速度飞速增长，人类生产生活 95%以上的信息都是以数字格式存储、传输和使用（中国信通院，2018）。有学者指出到 2020 年，可以连接 1 万亿个事物，即人口的 100 倍（Al-Faqaha et al.，2015）。与劳动力、土地、资本等生产要素相比，数据蕴藏着巨大的价值，具有可以极低的成本无限复制且可跨时空共享等特点，打破了资本、土地、劳动力等传统要素只能通过具有 VRIN 特征[①]的资源带来持续竞争优势，以及供给上量的有限形成对经济增长的制约（中国信通院，2018）。因此，数据成为了新的关键的战略资源，具备带来新的价值增值的潜能。

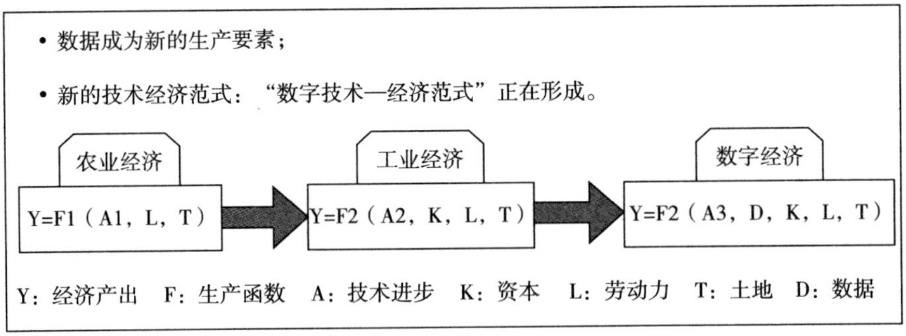

图 3-13　经济形态与生产要素变革

从具体的实践层面看，关键业务实现由数据和算法驱动，增强了企业的盈利能力和发展能力。如上文所述，数据已然成为了企业生产新的关键生产要

① VRIN：Valuable"价值性"；Rare"稀缺性"；Imitable"难以模仿性"；Non-Substitutable"不可替代性"（Barney，1991）。

素，是数字化企业的命脉，又是支持复杂的业务决策、驱动持续增长的保障（刘绍荣和夏宁敏，2019；埃森哲，2018；简兆权等，2018；孙永波，2018；Singaraju et al.，2016）。结合表3-6和表3-7可知，蓝色光标通过多年的积累，沉淀了大量营销数据资产，2017年总收入达到153亿元，数字科技业务收入占比达到87%，而程序化创意占创意总量的20%，其具备了传统营销公司所不具备的创新服务，2018年营业收入超过231亿元，数字科技业务营收占比近90%，关键业务已经实现由数据和算法驱动。蓝色光标每天通过机器自动产生的营收达到约200万元的规模，每天产生的数据量已经达到4TB。蓝色光标董事长兼CEO赵文权在采访中指出，"……未来的四驱高速运转：资本引擎、客户引擎、创意能力引擎以及数据和算法引擎，帮助我们在收入不断稳定增长的同时，提升毛利率和经营水平。而改善毛利率，核心是要完成能力转变，蓝色光标新业务的核心不再高度依靠创意和策略，更多的是依靠数据和算法……"。

以云计算、大数据和算法为前提的数据智能是智能商业的核心，和传统的商业智能不同，其本质就是机器取代人直接做决策，强调的是运营决策直接由机器决定（曾鸣，2018），即实现智能化。比如，2019年8月，在蓝色光标推出的14款智能营销产品中，一款以大数据技术为基础的idataBot营销数据平台，能够帮助企业在顾客及产品定位、消费者消费趋势洞察等环节的决策做出预判，在资料收集效率方面，营销人员可提升3倍以上，方案产出效能则可提高2倍以上。再如，撰稿机器人"妙笔"通过对成千上万的新闻稿件的学习，掌握了改编各种稿件的技能，具备了将核心稿件进行裂变的能力，目前"妙笔"改编出数千篇稿件的时间仅需1秒钟，并且这些稿件能分别适合不同的媒体平台风格。蓝色光标推出的这些智能营销产品，覆盖了整个智能营销链条，并且整个营销过程的智能化得以实现。在营销行业内，蓝色光标做到了将创意、数据、产品、资源以及服务等加以深度融合，增强企业盈利能力和发展能力的同时也推动了整个行业的发展。

第二，根据价值共创理论，对关键业务进行数据化管理，能够实现生产经营业务的智能化和精细化管控，进而推进资源的动态调度，实现利益相关者间在全流程、全环节的整体协同，降低交易成本、缩短响应顾客的时间，从而提高企业的发展能力和盈利能力，促进价值创造。关键业务数字化和智能化运营，将供应链的各个环节连接起来，形成无缝交互，从用户需求到最终交付的每个环节变得更聪明、透明、有效（埃森哲，2018），同时使产品的生命周期也变得越来越短，每一次产品状态发生改变所带来的传感器上数据的小颗粒在线实时集成，可持续提升客户体验。另外，只有通过研发、生产、分销、售后等活动全方位数据的动态、实时共享，才能打破企业边界、行业边界、地域限制以及其他壁垒等，提高利益相关者间动态协同能力（武柏宇和彭本红，2018），优化资源配置，降低交易成本，以此真正实现业务协同以及优势互补，打造出双赢的数字化价值共创网络（Finsterwalder，2018），从而真正实现价值共创（朱良杰，2017；杨学成和涂科，2017；Vargo 和 Lusch，2016；Singaraju et al.，2016；Grönroos 和 Voima，2013）。

接下来，从企业实践层面寻找相应证据。例如，海尔搭建了 11 家全互联工厂，同时具备使全流程可以互联互通的能力，实现设计、研发、制造的全流程协同。又如，沈阳冰箱工厂（海尔首个互联工厂）拥有 60 多台机器人、1200 多个传感器、485 个芯片（李洋和邓迪，2017）。该工厂实现互联网化以后，人员配置方面减少了 57%，单线产能却提升了 80%，订单交付期也降低了 53%（李洋和邓迪，2017）。另外，张瑞敏多次在访谈中说道，“海尔实现企业无边界，企业是开放性的，作为一个平台，平台上的团队按单聚散，随时可以汇聚全球最优秀的资源……利益共同体是根据‘单’的实际变动进行动态优化的”。海尔 HOPE 平台会聚了 20000+跨领域专家、创新者的创新合伙人社群，可以通过社群内不同角色人群的有效协作，零距离交互，持续产出跨界及颠覆性创新成果。海尔在市场上反响非常好的控氧保鲜冰箱，就是整合产学研多方资源与用户持续交互的结果，实现资源优化配置和优势互补，降低了交易成本，促进了价值创造。

第三，从海量数据中生成的数据洞察，有助于更加科学地制定决策，提高企业内部运营效率，强化核心业务，同时对数据价值的深度挖掘，能够实现价值优化和增值，帮助企业找到新的价值增长点、拓展外部成果。大数据为企业提供了减少决策不确定性的手段（Selma，2019），优化流程并提高产品和服务的效率和质量（Loebbecke 和 Picot，2015），这些属性可帮助企业确定新的价值来源。数字化技术使关键业务环节产生的数据沉淀和利用变得更为容易，而且数字经济 2.0 在线产生的数据是活数据，用于记录、反馈和提升用户互动体验，并以客制化等方式创造独特价值，利用数据分析和数据挖掘打通产品生命周期和价值链的各环节，甚至能够提供新的价值主张或创造新的市场（Selma，2019）。

从具体实践来看，数据价值的深度挖掘能力成为了企业的核心竞争力，为企业的发展提供了新的增长动力，也增强了其盈利能力和发展能力。结合表 3-6 和表 3-7，苏宁借助数字技术对 2.87 亿条冰箱相关数据进行分析，了解到消费者对冰箱诉求的变化，再和家电厂商个性化定制生产符合消费者需求的冰箱，该冰箱上市后实现了连续两个月线上线下销量排名第一。苏宁科技 COO 荆伟在访谈中说道，“从原来靠经验的选品，逐步过渡到以 AI、大数据作为基础的技术选品，我们的总精度提升了 15%~20%，这里面产生的效益是非常巨大的”。同时，苏宁针对线上线下几亿名用户的大数据的深度挖掘，为供应商提供了包括产品精准推送以及供应链管理等相关的工具和服务，也提高了供应商伙伴的盈利能力和发展能力。

第四，以苏宁为例，关键业务数据化与运营能力间呈 U 形关系，即初始阶段随着关键业务数据化程度的提高，运营能力反而呈下降趋势，达到一定规模后，则呈逐渐上升的趋势。如图 3-5 所示，苏宁的营业总收入逐年递增，净利润却呈现出 U 形特征，根据利润等于收入减去成本，可知成本逐年上升，这背后反映出了企业运营效率低下，原因可能是运营能力较差。张近东在访谈中说道，“在 O2O 拓展过程中，运营成本不断提升，运营效率不断降低”。苏宁前副董事长孙为民也举例解释说，“习惯了线下打法的苏宁，刚转入线上时，走了不少弯路……你会骑自行车，再要你去骑三轮车，恐怕你骑自行车的技能会成为骑三轮车的障碍……虽然看起来都是脚蹬，其实是不一样的”。在转型前期，苏宁很多环节都发生了冲突。首先是价格冲突，同样的产品线上线下却不同价，造成“左右手互搏”。其次是渠道冲突，线上线下两种模式所提供的产品基本相同，目标顾客重叠就导致了不同渠道间对顾客的抢夺，结果造成了苏宁线上产品有价无市，线下产品有市无价。加上苏宁易购上线初期，缺乏专业的技术人才，也还未建立起电商技术队伍，因此消费者对苏宁易购也有较多投诉，主要集中在网站系统上，占比高达67%（李吟，2013）。一些学者的研究也指出线上线下渠道间的冲突，客观原因主要是渠道管理能力低下，在定位、定价、促销等方面多渠道运作经验不足等（李吟，2013；夏清华和冯颐，2016）。

为了解决O2O模式转型过程中出现的冲突，苏宁花了3年时间从线上线下同价开始，对整个系统进行了改造，最终实现线上线下资源的充分融合，达到双线协调发展的目的。孙为民说，“双线同价对于苏宁是多渠道融合的重要一步，标志着苏宁O2O模式的全面运行。双线同价，意味着打通左右手互搏的壁垒”。2013年6月9日，同价政策第一天：门店与易购后台定价系统100%同步，门店客流量比前一天增长了1倍以上，苏宁易购APP客户端下载量环比增长了10倍。实现两个“O”的无缝协同和高度融合，因为线上线下的流量互相导入，O2O模式下的苏宁流量成本显著下降。苏宁CHO（首席人力资源官）孟详胜也在访谈中说道，“为了实现全面融合，苏宁从组织架构上对线下门店和苏宁易购进行全方位整合，两个窗口从商品到采购供应链全部融为一体，共享后台存货、物流、信息和服务。具体做法：全渠道融合、全资源共享、全成本核算。苏宁线上线下的客户、数据、物流等资源进行协同共享，实现O2O融合模式的规模叠加效应”。在经历了一系列线上线下融合之后，苏宁的业绩有所改善，将线下优势带到线上，线上数据运用于线下，各自优势得到发挥，提高运营效率，增强企业核心竞争力（夏清华和冯颐，2016）。

因此，从企业成长的S形曲线和能力积累、训练和熟能生巧的角度看，对运营能力这条隐性曲线而言，呈现出U形特征，即前期运营能力会随着业务数字化程度的加深而呈下降趋势。在业务数据化的前期也会有一个试错的过程，随着不断积累、不断成熟，运营能力就会开始呈现出上升趋势。但是运营的数字化不是为了数字化而数字化，而是通过数字化带来数据，数据积累越来越多以后，反过来会改进运营的决策，使其变得越来越精准，从而提高运营能力和运营效率，促进价值创造。

综上所述，结合表3-6和表3-7，本书提出如下假设：

H_{2a}：关键业务数据化与企业的盈利能力和发展能力间呈正相关关系。

H_{2b}：关键业务数据化与企业的运营能力间呈U形关系。

（四）路径三：关键合作网络化与价值创造

关键合作网络化一方面是指企业借助数字化技术或数字化平台或“在线的”产品与用户、供应商等利益相关者建立“在线”连接，实现实时互动的过程，以提升网络化协同互联水平，进而产生新的连接红利和价值源泉；另一方面指重构数字化价值网的连接关系、网络结构、运营和交易方式等，以有效整合、利用企业内外部资源，更好地发挥企业外部资源优势来创造价值，同时实现系统大于部分之和。数字经济背景下，企业的竞争与发展必须基于生态系统的观点，并更加强调跨界协同的社会化价值共创（Finsterwalder，2018；简兆权和曾经莲，2018；杨善林等，2016），价值是通过在一个复杂的价值网络或生态系统中上下游多个利益相关者间的互动创造出来的（Feng Li，2017）。数字化平台能绕过中介并使价值网络的参与者（包含客户）之间能够直接交换，使价值网络的参与者之间的耦合得到加强，实现更密切的协作和协调（Vial，2019；武柏宇和彭本红，2018；Frow et al.，2014），也能使多边关系的管理更有效率（Feng Li，2017），从而促进价值共创。比如，根据表3-8和表3-9，海尔依托全球十大研发中心，搭建“10+N”开放式创新HOPE平台，形成遍布全球的资源网络和用户网络。该平台会聚了20000多名跨领域专家、创新者的创新合伙人社群，可通过协作，零距离交互，持续产出跨界及颠覆性创新成果。海尔控氧保鲜冰箱的湿度控制方案就来自三家机构的开放协同，即海尔的HOPE平台、中国制浆造纸研究院以及苏州一家企业，三方共同和用户交互，创造性地把一种新型膜技术成果转化到冰箱上，能够将湿度降低至40%以下，累计销售1000多万台，促进了用户价值创造，也为这两家机构带来了每年超千万元的收益。

接下来，同样采用理论与案例企业具体实践相结合的方式，深入探讨关键合作网络化与企业价值创造间的关系及背后的作用机理，并得出相应的命题假设。

第一，根据价值共创理论，价值创造的主体不再是单一的企业，而是由包含顾客的利益相关者群体构成的价值共创生态圈（Turetken et al.，2019；Geoffrey et al.，2019；王海杰和宋姗姗，2019；武柏宇和彭本红，2018；Caridà et al.，2017；Vargo和Lusch，2004，2016），通过跨企业互联实现企业内外部资源的整合、实时协同，能够增强企业的盈利能力和发展能力，从而促进企业价值创造。互联网等数字技术的出现，消除了企业与顾客、企业与企业间的距离。价值创造主体由企业主导转向企业与顾客共同主导，企业间的竞争格局也被改变，从基于竞争思维来分配价值的价值链视角走向基于竞合思维来创造价值的价值网络视角（李靖华，2017）；从单个企业行为转化为由众多利益相关者的共同努力（Kaisa和Virolainen，2011；赵雪峰，2008），更加倾向于核心能力或资源的优势互补，更加强调利益相关者间的价值共创与价值共享（耿童童，2017）。数字技术能绕过中介并使价值网络的参与者（如客户）之间能够直接交换，使价值网络的参与者之间的耦合得到加强，实现更密切的协作和协调（Vial，2019；武柏宇和彭本红，2018；Frow et al.，2014）。如核心企业通过互联网技术发现、整合、分析顾客各种需求信息，有效分解并及时准确地传递给网络中各个节点企业（于鲲鹏等，2017；Martha et al.，2000），同时整个价值网络以数字化为联结手段，快速高效地联通、协调并指导各节点企业开展活动以及资源共享（王树祥和张明玉等，2014），以最高效的方式满足节点成员的需要及合作伙伴间的协作，剔除了很多不必要环节，整个价值网活动过程更加高效且成本更低。

从实践层面看，关键合作的在线化和网络化，实现企业内、外资源的整合与协同，促进价值共创，从而增强企业的盈利能力和发展能力。结合表3-8和表3-9，在内部资源的整合协同方面，蓝色光标针对优质客户众多、客户需求多种多样的特点，在补齐自己短板的基础上，从战略的角度强调协同，包括各品牌的媒体资源、客户资源、管理资源、知识资源等，实现了资源内部共享与协同。仅2015年由业务协同带来的收入增长超过了5亿元，2016年这个数字翻倍。在跨企业业务协同方面，赵文权在访谈中指出，“通过协同带来的业务已占到整体业务量的15%~20%……”蓝色光标凭借其技术上的优势与60多万个媒体建立战略合作，拥有的核心移动媒体合作伙伴达到150个左右。目前，蓝色光标横跨全球40多个国家和城市的战略合作伙伴网络，能够随时随地为客户提供有价值的定制化服务。

海尔则把创新全流程向用户开放，让用户参与创意、概念设计、产品研发，围绕用户需求通过并联的组织协同关系，实现产品的快速迭代。例如，在2013年推出的天樽空调的设计过程中，有67万名网友参与讨论，提出了各自的痛点需求与改进意见，海尔推向市场的控氧保鲜冰箱，就是整合产学研多方资源与用户持续交互的结果。海尔也于2009年10月开始搭建开放式创新HOPE平台，会聚了来自全球的20000多名跨领域专家、创新者的创新合伙人社群，将用户、企业和资源纳入同一交互生态圈，通过社群内不同角色人群的有效协作，零距离交互，持续产出跨界及颠覆性创新成果。海尔全球累计专利申请4.3万余项，海外发明专利数量1万余项，覆盖25个国家。2018年，海尔集团实现全年生态收入151亿元，同比增长75%。海尔在市场、供应链、研发、生产等方面的协同如表3-8和表3-9所示。

表 3-8 关键合作网络化的案例证据

测量维度	关键词	具体引用例证	所属企业及标记结果
价值网络共创	合作伙伴网络	①目前，蓝色光标横跨全球 40 多个国家和城市的战略合作伙伴网络，让其运作模式独具特色，能够随时随地为客户提供有价值的定制化服务。②蓝色光标与 60 多万个媒体建立了合作伙伴关系，其中有 150 余个核心合作伙伴	N1（12 条）；R1（3 条）；P1（2 条）；A1（9 条）；G1（5 条）；V1（1 条）
	生态联盟；生态企业；合作伙伴网络	①2018 年 10 月，苏宁还联合业内众多上下游合作伙伴，共同成立苏宁智能 Biu+生态联盟。②苏宁科技集团常务副总裁荆伟在中欧国际工商学院举办的 2019 思创会上表示："未来，苏宁还将利用企业云、零售云、供应云和管理云来帮助生态企业实现运营、管理的数字化转型……。"③2018 年底，地产界半壁江山齐聚苏宁智慧零售大开发战略暨合作伙伴签约仪式。万达、恒大、碧桂园、保利、融创等纷纷表达了与苏宁携手实现智慧零售大开发的意愿；2019 年 2 月 28 日，与华晨汽车签订了集团间战略合作协议，双方将依托苏宁的线上平台大数据资源及线下超万家门店的场景资源……实现智慧零售与华晨汽车的跨界融合；2019 年 4 月、5 月苏宁又与碧桂园、金科等签订战略协议。④2017 年苏宁平台上新引入近 8000 家各类家电品类商户。⑤苏宁物流已经接入 2000 多家第三方企业，10 万家平台商户，苏宁智能家居平台接入 200 多个品牌、上千款产品，呈现全领域齐头并进。⑥苏宁制造商、代理商、零售商和消费者构成一个完整的供需链，构建起一个利益协同、价值共享的商业生态系统	N2（389 条）；R2（6 条）；P2（25 条）；A2（9 条）；G2（37 条）；V2（3 条）
	开放式创新体系；全球资源网络；共创、共赢、共享	①张瑞敏认为，"海尔搭建的开放交互平台，让用户可以参与产品设计、制造、营销等环节，产品在生产出来之前就已经是用户的了"。②海尔目前有 200 多个创业小微，3800 多个节点小微，122 万个微店，有超过 100 个小微年营收过亿元，41 个小微引入风投，其中 16 个小微估值过亿元，结合全球超过 5000 个一流资源，形成了共生、互生、再生的热带雨林。③海尔"三生"体系：生态圈、生态收入、生态品牌实现向全球开放、多边共创共赢的物联网生态系统。④行业整合，先后收购完成日本三洋白电业、美国 GE 家电业务、新西兰 Fisher 和 Paykel 业务，持股墨西哥 MABE48.41%股权、收购意大利 Candy 公司，构建"研发、制造、营销"三位一体的全球化竞争力。⑤依托全球十大研发中心，搭建"10+N"开放式创新体系，形成遍布全球的资源网络和用户网络。⑥搭建开放式创新平台 HOPE（Haier Open Partnership Ecosystem）、海创汇（创业孵化平台）、众创意（全球创意互动平台）、海达源（模块商资源平台）、U+智慧生活平台等。⑦食联网已链接七大类、400 多家资源方，并牵头成立食联网生态联盟。⑧以创造用户全流程最佳体验为中心，打造 U+智慧生活生态圈	N3（1004 条）；R3（9 条）；P3（115 条）；A3（9 条）；G3（87 条）；V3（4 条）

续表

测量维度	关键词	具体引用例证	所属企业及标记结果
跨企业协同	业务协同；协同优势	①在跨企业业务协同方面，蓝色光标则主要通过战略投资和战略合作的方式。赵文权指出，“通过协同带来的业务已占到整体业务量的15%~20%……”。②蓝标传媒不仅是Facebook在中国的技术合作伙伴，也是Instagram在中国的技术合作伙伴。③2018年1月，联想控股旗下的考拉科技战略投资蓝色光标，加强了蓝色光标在数据和算法上的能力。④2018年3月28日，与拉卡拉宣布成立大数据研究院“昆仑堂”，双方整合了硅谷、行业专家、高校及科研院所等的力量，打造智慧经营平台。⑤在出海业务上，蓝色光标也具有很强的协同优势，仅2014年，蓝色光标就通过收购或参股的方式与近30家企业建立股权合作；2019年，收购美国纳斯达克上市公司Cogint，拥有Cogint 63%的股权等	N1（101条）；R1（4条）；P1（2条）；A1（3条）；G1（53条）；V1（3条）
	供应链协同	①2015年初，张近东宣布实施极效协同的供应链战略。如苏宁对美的实现数据资源的全面开放，以驱动双方联合营销、精准引流、产品反向定制等合作（李甜洁，2016）。②张近东指出要把供应链端的协同做到最优，在供应链智能化管理上，向上要实现与合作伙伴系统的链接、数据的开放共享，提高供应链合作效率。③2019年苏宁与今世缘继续签订战略合作协议，双方将在营销资源整合与共享、会员精细化运营、大单品销售、渠道拓展等方面展开合作。④在物流的互联网化方面，苏宁运用大数据挖掘，启动“物流云”项目，向平台商户和供应商开放共享，“物流云”也从成本中心变为利润中心	N2（27条）；R2（5条）；P2（11条）；A2（5条）；G2（23条）；V2（3条）
	全球化战略协同；交互生态圈；零距离交互	①海尔把创新全流程向用户开放，让用户参与创意、概念设计、产品研发，围绕用户需求通过并联的组织协同关系，实现了产品的快速迭代。比如在2013年推出的天樽空调的设计过程中，有67万名网友参与讨论，提出了各自的痛点需求与改进意见。②张瑞敏认为，“海尔实现企业无边界，企业是开放性的，作为一个平台，平台上的团队按单聚散，随时可以汇聚全球最优秀的资源……利益共同体是根据‘单’的实际变动进行动态优化的”，海尔在市场上反响非常好的控氧保鲜冰箱，就是整合产学研多方资源与用户持续交互的结果。③联合中国科学院解决“空气射流”技术问题；与中国标准化研究院合作，解决智能调温控制问题；与微信合作，解决手机遥控问题等。④2019年7月29日，海尔HOPE开放创新平台与以色列创新中心、新加坡创新中心、美国硅谷创新中心，一起访问海尔日本研发中心，总结前期并联的问题，加深全球研发资源的共享和协同。⑤通过海尔、美国GE Appliances、新西兰Fisher & Paykel、日本AQUA、	N3（1208条）；R3（7条）；P3（96条）；A3（9条）；G3（103条）；V3（3条）

续表

测量维度	关键词	具体引用例证	所属企业及标记结果
跨企业协同	全球化战略协同；交互生态圈；零距离交互	意大利 Candy 等七大家电品牌的全球化战略协同，打破全球技术互通的壁垒，满足用户个性化、多样化的需求。⑥将用户、企业和资源纳入同一交互生态圈，通过社群内不同角色人群的有效协作，零距离交互。资源方都是动态的，按单聚散。⑦已经与 15 大行业的相关企业进行合作，为企业智能制造转型升级提供基础。⑧全球运营协同，通过共享最佳实践提升运营效率。⑨HOPE 平台汇聚了 20000 多名跨领域专家、创新者的创新合伙人社群，可通过协作，零距离交互，持续产出跨界及颠覆性创新成果。⑩采购协同方面，通过上线 Spend Cube（全球采购大数据）系统、CVI（全球模块优选库）系统实现全球采购资源共享。2018 年底，GSOP（全球采购协同运营平台）开始试点全球品类联合谈判，支持全球团队在线高效协同。⑪市场协同上，中国基地生产的中高端冰箱产品通过 GEA（GE Appliances）进入美国市场的 HomeDepot 等主流渠道。⑫供应链协同上，海尔成立全球供应链指导委员会，打造以领先优势技术和流程为特色的世界级制造平台，通过共享最佳实践提升运营效率。⑬研发和产品协同方面，海尔全球引领产品协同平台已于 3 月 17 日完成所有项目的论证和评估，所有资源可实现全球共享。⑭生产协同方面，海尔与 GEA 深度合作，将海尔的互联工厂模式复制到 GEA，通过全流程的互联互通，使 GEA 实现与用户的零距离并联交互	N3（1208 条）；R3（7 条）；P3（96 条）；A3（9 条）；G3（103 条）；V3（3 条）
企业内集成	内部资源整合；线上线下协同；互联工厂	①在内部资源的整合协同方面，蓝色光标针对优质客户众多、客户需求多种多样的特点，从战略的角度强调协同，包括各品牌的媒体资源、客户资源、管理资源、知识资源等，实现了资源内部共享与协同。②通过硬件平台、网络以及 SAP 系统，搭建后台系统框架，支持业务发展。③线下线上协同发展。④青岛热水器互联工厂、郑州空调互联工厂等 11 家互联工厂，实现互联互通。⑤推进信息化系统建设，通过工程师 APP 平台，赋能终端 3000 名一线工程师。⑥海尔建立了端到端的供应链信息化平台，对订单全流程进行优化，通过实时的信息共享及全流程订单可视，数据分析提前预警，提升生产效率，研发、营销、供应链三方协同，快速响应用户需求，实现零库存下即需即供	R1（3 条）；P1（2 条）；N2（11 条）；R2（5 条）；G2（13 条）；N3（121 条）；R3（3 条）；P3（21 条）；G3（35 条）；V3（2 条）

表 3-9　关键合作网络化对价值创造影响的案例证据

<table>
<tr><th>测量维度</th><th>具体引用例证</th><th>价值创造结果</th></tr>
<tr><td>价值网络共创</td><td>①2018 年 10 月，苏宁还联合业内众多上下游合作伙伴，共同成立苏宁智能 Biu+生态联盟。②2019 年，发布会现场，苏宁物流与涵盖家电、家居、百货、生鲜冷链等多个领域内的多家企业，如云米、TCL、Rio、安鲜达等签订了战略合作协议。③一体化移动平台融合即时通信、办公协作及企业社交于一体，打通业务，提效、减耗、促进经营，目前已服务超过 1 万家企业，平均开发人力节省 60%，办公效率提高 50%。④苏宁开放平台实现商品交易额 292.36 亿元。[N2（65 条）；R2（7 条）；P2（22 条）；A2（7 条）；G2（32 条）；V2（2 条）] ⑤先后收购日本三洋白电业、美国 GE 家电业务、新西兰 Fisher & Paykel 业务，持股墨西哥 MABE48.41%股权、收购意大利 Candy 公司，构建“研发、制造、营销”三位一体的全球化竞争力。⑥搭建“10+N”开放式创新体系，形成遍布全球的资源网络和用户网络。⑦链接全球资源，搭建开放式创新平台 HOPE，打通用户与资源之间的壁垒。⑧食联网已链接七大类、400 多家资源方，成立食联网生态联盟。[N3（1221 条）；R3（8 条）；P3（71 条）；A3（6 条）；G3（95 条）；V3（4 条）]</td><td rowspan="2">①仅 2018 年度，蓝标传媒 Facebook 代理广告业务营收超过百亿元。②2018 年，今世缘在苏宁平台销售同比增长 223%；苏宁全渠道销售规模同比增长 30.53%。③HOPE 平台上注册用户 40 多万名，平均每年产生创意超过 6000 个。④2018 年，海尔全球发明专利申请 6225 项、PCT 申请 814 项，全球累计专利申请 4.3 万余项；海尔的海外发明专利数量 1 万余项，覆盖 25 个国家。⑤截至目前，海尔已在全球拥有十大研发中心、25 个工业园、122 个制造中心、106 个营销中心。⑥2018 年，海尔集团实现全年生态收入 151 亿元，同比增长 75%</td></tr>
<tr><td>跨企业协同</td><td>①2018 年度，蓝标传媒 Facebook 代理广告业务营收超过百亿元，在客户数量、客户增长等业务数据上都名列前茅。②赵文权指出，“通过协同带来的业务已占到整体业务量的 15%～20%……”。[N1（5 条）；R1（2 条）；P1（2 条）；A1（10 条）；G1（25 条）；V1（2 条）] ③2016 年苏宁易购与惠而浦联合开发的能够为用户提供香薰体验的智能空调，单品销量破亿；2017 年与美的以用户数据为基础，联合开发的全自动变频滚筒洗衣机卖到“脱销”。④苏宁易购集团副总裁顾伟表示，苏宁与联通的合作正在由表及里不断加深，双方在渠道、技术、大数据、内容等方面，具有高度的优势互补、资源共享特性，2019 年，苏宁零售云县镇店将再新增 2000 店，将与联通在数字化、大数据应用及零售赋能等方面形成更为紧密的合作关系。⑤去年一整年，今世缘在苏宁平台销售同比增长 223%。[N2（385 条）；R2（11 条）；P2（18 条）；A2（5 条）；G2（38 条）；V2（5 条）] ⑥海尔基于用户需求的开放式创新模式，有效获取了用户个性化需求，缩短了研发周期，创造出了大量的原创产品。⑦互联网通过网络协同的方式实现了高效分工和合作，让人与人、人与信息，乃至人与物、物与物之间的互动变得越来越丰富。⑧海尔控氧保鲜冰箱的湿度控制方案来自三家机构的开放协同，HOPE 平台和中国制浆造纸研究院以及苏州一家企业共同和用户交互，创造性地把一种新型膜技术成果转化到冰箱上，能够将湿度降低至 40%以下，累计销售 1000 多万台，为这两家机构带来了每年超千万元的收益。⑨截止到 2018 年底，海尔全球采购协同累计完成 412 个新协同项目，其中 GEA 190 个协同项目。⑩全球运营协同，通过共享最佳实践提升运营效率。[N3（721 条）；R3（6 条）；P3（39 条）；A3（13 条）；G3（93 条）；V3（3 条）]</td></tr>
</table>

续表

测量维度	具体引用例证	价值创造结果
企业内集成	①逐年推出信息化管理平台升级项目。②2015 年，企业内各个业务板块之间的协同就渐入佳境，仅 2015 年由于业务协同带来的收入增长超过了 5 亿元，2016 年翻倍增长。［N1（13 条）；R1（8 条）；P1（2 条）；A1（3 条）；G1（15 条）；V1（2 条）］③搭建开放、分布、扁平等特征的信息系统架构。④建立前台产品、后台运营、内部管理一体化的信息化体系，实现在商品、供应链、物流服务、市场推广等全流程实时、在线管理。⑤运用互联网、大数据、云计算等数字化技术，构建起人、货、场的数字化连接、智能化交互和自动化交易。⑥通过网络、硬件平台和 SAP 系统优化，搭建后台系统框架，支持业务发展，实现包括需求、计划、实施、评估以及资源调度在内的全程在线管理。［N2（285 条）；R2（13 条）；P2（38 条）；A2（11 条）；G2（63 条）；V2（4 条）］⑦青岛热水器互联工厂、郑州空调互联工厂等 11 家互联工厂，实现互联互通。⑧推进信息化系统建设，通过工程师 APP 平台，赋能终端 3000 名一线工程师。［N3（221 条）；R3（6 条）；P3（49 条）；A3（8 条）；G3（63 条）；V3（2 条）］	

第二，根据平台理论，网络效应是价值创造的主要来源。冯华和陈亚琦（2016）研究指出互联网等数字化技术打破了物理时空约束，使经济时空与物理时间的契合度要求越来越弱化，交易场所、交易时间、交易环节、交易速度都被改变，释放出巨大的经济价值。由此平台型企业在价值创造和价值实现上给传统企业带来了颠覆性的影响（冯华和陈亚琦，2016）。传统单边企业遵循的是线性的价值逻辑，企业价值创造直接来源于为特定的顾客群提供能满足其需求的产品和服务，与之不同的是，平台型企业的价值创造和竞争优势则直接来源于网络效应，并且受到用户规模和关系强度的双重影响（朱芳芳，2018；Astyne，2016），其价值来自数字化平台上多方连接与互动（Geoffrey et al.，2019；朱良杰，2018）。聚集在平台上的用户群体越多，他们之间所建立的关系规模越大，彼此间关系的密度越强，越有利于降低交易成本和平台主体之间的资源共享（江积海和李琴，2016，2017），以此驱动价值创造，其所带来的

网络价值也就越大，由此平台提供者也能够向用户提供更低价、更优质的服务，这又会吸引更多的用户入驻，网络效应进一步强化，最终完成价值的正向反馈（Zarakas，2017）。

从实践层面看，企业平台化能激发网络效应，有效整合内、外部资源，维持竞争优势，增强企业的盈利能力和发展能力，促进企业价值创造。在中国，一部零售史，半部看苏宁，通过线上线下 O2O 融合平台运营，成为国内唯一一个可以做到线上线下双翼齐飞的大规模零售企业。2017 年，苏宁平台上新引入近 8000 家各类家电品类（陈思雨，2019），苏宁物流已经接入 2000 多家第三方企业，10 万家平台商户，苏宁智能家居平台接入 200 多个品牌，其开放平台实现商品交易额 292.36 亿元。类似地，海尔搭建的智能制造云平台 COSMOPlat，已成为全球最大的大规模定制解决方案平台，领先于德国工业 4.0 和美国工业互联网，并被国际标准组织 ISO 等批准牵头制定了三项大规模定制国际标准。平台是企业有效整合内部资源和充分利用外部资源进行开放式创新的可行途径，突破了企业的物理边界和知识边界（王凤彬等，2019），能够激发网络效应，实现低成本获取最大化价值，并有助于维持持续竞争优势，实现长期发展（陈武和李燕萍，2018；张小宁，2014）。

第三，学界和业界从“连接”的视角阐述价值创造的源泉。例如，罗珉等提出“连接红利”的概念，刻画移动互联网时代社群平台作为新的隔离机制所创造的新价值（罗珉和李亮宇，2015）。江积海等研究了猪八戒网平台的商业模式，发现连接属性及其锁定效应有助于价值创造（江积海和张烁亮，2015）。再如，廖建文等认为商业关系正在被移动互联网和社交网络改变，有必要改变连接强度、连接交互性、连接清晰度属性来重构价值网络，进而重建竞争优势（廖建文和施德俊，2014）。依托互联网等数字技术的连接会带来数据，与物质资源的使用是损耗过程有所不同，数据资源的使用是价值创造过程。对数据的实时管理（无缝对接、实时流通、调整和反馈），有助于价值链中的各利益相关者通过动态协作优化资源，及时高效、精准地满足顾客个性化需求。

加之，随着行业边界的消失，经济成为一张网，网网相通，网网相连，网网互生外部效果，借助数字化技术，信息等资源能够实时低成本地在价值网络中产生、交流和分享，各利益相关者投入到开放的网络这个“资源池”的品类越多样，合作共赢的空间就越大。任何一个节点企业所产生的创新成果可在价值网络中被快速传播，其所产生的价值会吸引更多成员加入，同时又进一步促进价值创造，网络效应会像滚雪球一样不断扩大，从而出现不同于传统经济的“边际收益递减”的“边际收益递增”现象（江积海和蔡春花，2016；高建来和郭超义，2016；程立茹，2013）。

第四，关键合作网络化与运营能力间呈 U 形关系，即初始阶段随着关键合作网络化程度的提高，运营能力反而呈下降趋势，达到一定程度后，会呈逐渐上升的趋势。首先，从交易成本经济学的视角来看，核心企业处理不同联盟伙伴之间知识资源流动的能力是逐步积累的，并且前期监控伙伴和协调联盟的能力随着联盟关系数量的增加而下降（Faems et al.，2012）。其次，价值网络中直接关系或间接关系既可以产生协同，又可能发生冲突（Hoffmann，2007），新加入网络的不同利益主体间会先经历磨合期，同时协调成本会增加，因此导致前期运营效率低下，约束了核心企业的价值创造（Faems et al.，2012），进入稳定期后，则能正向促进运营绩效。最后，在生产经营互联网化和跨企业协同方面，由于其与效益产出关系紧密，且实现难度较高，尤其是跨企业协同，对企业基础管理和生产服务全过程信息化和网络化水平均有很高要求（何伟和孙克，2018），因而前期整体水平并不高。

因此，结合表 3-8 和表 3-9，根据上述分析，本书提出如下假设：

H_{3a}：关键合作网络化与企业的盈利能力和发展能力间呈正相关关系。

H_{3b}：关键合作网络化与企业的运营能力间呈 U 形关系。

四、本章小结

在探索式混合研究法的质性研究阶段，本章重点采用了多案例研究方法探讨商业模式数字化具体路径及其创造价值的作用机理。

首先，根据案例的异质性来选择案例，主要体现在以下两个方面：一是行业异质性，即案例样本企业需要来自不同行业，但其所在行业均需受数字化技术影响明显；二是商业模式数字化路径的异质性，即案例样本企业在进行商业模式数字化时，具有不同的侧重点，但也存在一定程度的共性。最终，本书选取了蓝色光标、苏宁和海尔三家企业作为案例样本。

其次，通过多种渠道收集与案例样本有关的一手、二手的可用资料，并使用数据编码和归类表格对所收集到的各样材料进行小结，以从大量的定性资料中提炼主题，进而为本章所要探讨的问题做铺垫。通过案例内分析和跨案例分析归纳出商业模式数字化的具体路径和实践做法，以及对价值创造影响的结果。

最后，引入平台理论和价值共创等新的理论基础，采用理论与案例企业具体实践相结合的方式，深入剖析商业模式数字化各路径对价值创造影响的作用机理，同时得出了相应的命题假设，也为后文的实证研究做铺垫，即

H_1：用户数字化与企业价值创造间呈正相关关系，即能正向促进企业的运营能力、发展能力和盈利能力。

H_{2a}：关键业务数据化与企业的盈利能力和发展能力间呈正相关关系。

H_{2b}：关键业务数据化与企业的运营能力间呈 U 形关系。

H_{3a}：关键合作网络化与企业的盈利能力和发展能力间呈正相关关系。

H_{3b}：关键合作网络化与企业的运营能力间呈 U 形关系。

第四章　商业模式数字化路径与价值创造间关系的实证检验

一、量化研究方法设计

在探索式混合研究法中，根据第一阶段的质性研究发现来指引量化调查工具中测量变量的发展（见图 4-1），以及指示量化研究阶段的待答问题与资料收集，即通过大样本实证研究来检验商业模式数字化路径与价值创造间的具体关系。由于本书的研究主题所涉及的研究对象具有一定的典型性和特殊性，因此基于中国传统企业数字化转型特定情境下，选取“互联网+”板块中的 259 家上市企业作为研究样本，并收集其 2012~2018 年的相关资料和数据。一方面，因为隶属于该板块的所有企业是由专业的证券公司划分出来的做了互联网化的企业。另一方面，对于上市公司，可方便获取研究所需的大量可用资料。此外，由于不同企业所处地域分散，企业逐一去实地走访工作量巨大，成本也较高，而问卷调查主观性极强，邮件形式回收率低，综合考虑多种因素后，本书采用文本挖掘、案例研究法和统计分析相结合的思维和方法，对所收集到的数据资料进行处理分析，同时结合扎根分析对收集的样本资料进行分类编码，采用李克特 5 级评分形式，形成可用的数据文本。

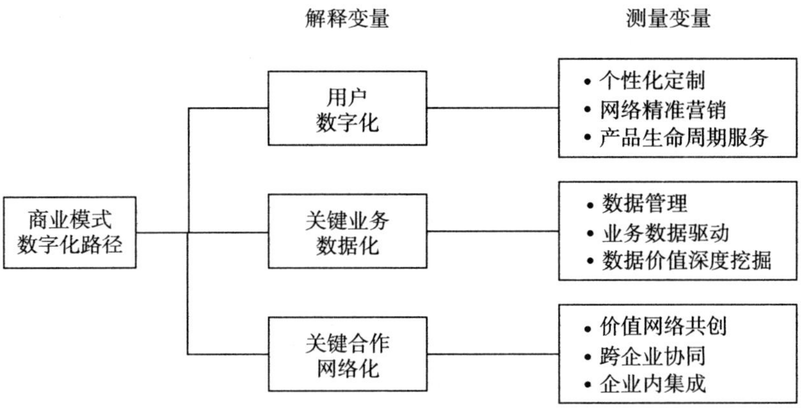

图 4-1 商业模式数字化路径测量指标体系

量化研究方案的设计、资料的收集和数据分析，从 2018 年 3 月初开始，直至 2019 年 8 月底定稿，历时近 1 年 6 个月，共经历 6 次修改。具体做法如下：

第一阶段，从 2018 年 3 月初到 5 月底，团队 2 位成员在“互联网+”板块上，共随机选取 30 家上市企业，并收集这些企业 2012~2018 年的相关资料和数据。其中，年报数据标记为 R、媒体报道标记为 N、企业官网获得的材料标记为 W 以及文献数据库获得的信息标记为 D 等。同时，采用文本挖掘和案例研究的思维，借助词频和语义分析等方法，对所收集到的小样本企业材料进行扎根分析，进一步编码归类，初步确定出指标体系。

青岛海尔 2017 年年报分析结果见表 4-1。首先，2 位研究员分别阅读同一份年报，通过词频、语义分析提取出与海尔数字化转型有关的材料，并提炼出关键词。针对所有的关键词，经反复讨论，进一步归纳出二级测量指标，如将关键词“定制化、定制交互、定制场景、定制服务”等直接贴标签为“个性化定制”，将关键词“开放式创新体系、全球资源网络、共创、共赢、共享等”归入“价值网络共创”。其次，用同样的方法将从各处收集到的有关前期随机选取的 30 家企业的所有质性资料进行分类压缩，通过词频和语义分析，得出二级测量指标。整个过程中，方案反复讨论，不断调整，对原始数据进行提炼和抽象，不断比较分析，逐步对一些具有共性的现象进行抽象化和命名。最后，在所得的所有二级测量指标中，将具有相同本质属性的指标进行聚类和命名。如将“数据管理”“业务数据驱动”“数据价值深度挖掘”三个二级测量指标归入“关键业务数据化”。

表 4-1　青岛海尔 2017 年年报分析结果

具体引用例证	关键词	测量变量	解释变量
①“5+7+N”智慧全场景定制化成套方案，代表的是用户可以自由定制智慧生活场景，实现无限变化的可能。②以用户为是，以自己为非。③通过打造 U+智慧生活云平台、COSMOPlat 云平台、顺逛社群交互平台等，聚焦用户最佳体验的持续迭代……满足用户定制美好生活的需求。④自 1984 年创立以来，公司始终坚持以用户需求为中心的创新体系。⑤由大规模制造向大规模定制转型，是海尔将要打造的核心竞争力。⑥用户全流程参与的大规模定制占比达 19%，客户参与的大规模定制占比达 52%。⑦实现“3”类定制能力——“定制交互、定制场景和定制服务”。⑧实现场景个性化定制 10000+，场景互联稳定性达到 99%	定制化；用户自由定制；以用户为是；全场景；大规模定制；定制交互、定制场景、定制服务	个性化定制	用户数字化
①线上渠道占比持续提升。②电商平台加速农村市场的网点铺设，传统线下渠道也在尝试运用电商发展自身业务。③与国美、苏宁等家电专业连锁、天猫、京东等电商平台保持战略合作关系。④运用数据工具实现会员的全周期运营，融合全网管理，完善电商渠道下沉的触点建设，实现经营提效。⑤针对目标用户积极实施线上线下多维度立体营销活动	线上渠道；电商平台	网络精准营销	
①为客户提供家电、家居及其他产品分销、物流、售后的全流程服务，以及其他增值服务。②基于在品牌、研发、智造、渠道、服务、生态和 U+的全方位、立体化布局和引领，为消费者提供“一站式、全场景、定制化”的成套智慧家电解决方案。③……实现用户的终身价值。④始终围绕用户的高品质生活方式，提供家居一体化。⑤通过物联网技术，打通“厂、店、家”上下游产业链，海尔搭建了全球首个衣物全生命周期管理平台，为用户提供清洗、护理、保存、搭配、购买等全生命周期的智慧解决方案。⑥用户、客户及攸关方参与全流程定制，新产品研发周期缩短、效率提高，不入库率达到 71%。实现用户、研发资源、供应商资源参与产品全生命周期管理	全流程服务；一站式；用户终身价值；家居一体化	产品生命周期服务	

续表

具体引用例证	关键词	测量变量	解释变量
①打造 U+智慧生活云平台、COSMOPlat 云平台、顺逛社群交互平台等。②海尔已建成 11 家互联工厂，并形成全流程互联互通的能力和生态体系。③COSMOPlat 云平台将海尔互联工厂模式和知识数字化，该平台已链接工业设备 2600 万台，构建上千个工业 APP。④智能识别同一房间内不同用户最佳体感温度，结合智能 APP 管理，全方位为用户提供舒适健康的空气体验和智能便捷的使用。⑤推出行业首个 E+物联云平台。⑥通过加载智能模块，热水器自动记录并分析用户的用水习惯，提前主动加热，达到提高节能和舒适度的效果。⑦根据环境温度自动匹配最佳频率。⑧以“IoT+AI”双引擎为核心，发布“1+2+3N”平台战略，即“1”个智慧家庭操作系统——UHomeOS，“2”引擎——“IoT+AI”，实现“3”类定制能力——“定制交互、定制场景和定制服务”。	U+云平台；全流程互联互通；知识数字化；智能 APP；智能分析用户习惯；自动匹配；“IoT + AI”双引擎	数据管理	关键业务数据化
①为消费者提供成套智慧家庭解决方案，创造美好生活体验。②大容量、健康化、智能化、艺术化产品日益受到人们的青睐。③设计、研发、制造的全流程协同。	智慧解决方案；智能化	业务数据驱动	
①物联网、大数据、人工智能等技术发展加速智能化趋势……并促使企业从制造销售向智慧家庭生活服务商与运营商转型。②推出行业首个 E+物联云平台，并上市了以物联网磁悬浮为代表的全系列物联网中央空调产品。以自联网、自适应、自优化的三大标签定义物联网中央空调标准。③2018 年建设 4 个智慧家庭城市体验中心、423 个全屋智慧家庭集成店、3037 个全网智慧家庭体验店（资料来源：青岛海尔 2018 年年报）。④强化大数据 AI 在用户场景的应用，提升网器的增值价值，初步实现了从被动控制到主动服务。⑤食联网以智慧冰箱、厨电为入口，基于智慧厨房场景产生的饮食习惯等数据，与个人的健康数据相结合，提供体检健康监测、智慧烹饪、安心食材购买、营养方案制定等增值服务（资料来源：青岛海尔 2018 年年报）。	智慧家庭生活服务商；提升增值价值；提供增值服务	数据价值深度挖掘	
①行业整合，先后收购日本三洋白电业、美国 GE 家电业务、新西兰 Fisher & Paykel 业务、意大利 Candy 等企业，构建“研发、制造、营销”三位一体的全球化竞争力。②依托全球十大研发中心，搭建“10+N”开放式创新体系，形成遍布全球的资源网络和用户网络。③开放地链接全球资源，搭建开放式创新平台 HOPE，打通用户与资源之间的壁垒。④食联网已链接七大类、400 多家资源方，并牵头成立食联网生态联盟	开放式创新体系；全球资源网络；共创、共赢、共享	价值网络共创	关键合作网络化

续表

具体引用例证	关键词	测量变量	解释变量
①通过海尔、卡萨帝、美国 GE Appliances、新西兰 Fisher & Paykel、日本 AQUA 等七大家电品牌的全球化战略协同，打破家电行业全球技术互通的壁垒，满足用户个性化、多样化需求。②将用户、企业和资源纳入同一交互生态圈，通过社群内不同角色人群的有效协作，零距离交互。③已经与 15 大行业的相关企业进行合作，为企业智能制造转型升级提供软资源基础。④全球运营协同，通过共享最佳实践提升运营效率	全球化战略协同；交互生态圈；零距离交互	跨企业协同	关键合作网络化
①青岛热水器互联工厂、郑州空调互联工厂等 11 家互联工厂实现互联互通；②推进信息化系统建设，通过工程师 APP 平台，赋能终端 3000 名一线工程师	互联工厂；信息化系统	企业内集成	

第二阶段，从 2018 年 6 月中旬到 8 月底，再随机选取 20 家上市企业，针对第一阶段形成的初步的商业模式数字化测量指标体系进行补充修正，以使最终形成的测量指标达到饱和状态。成稿后将其以邮件的方式或现场讨论的方式，收集校内外有相关研究背景和非相关背景的学者的修改意见。最终确定的商业模式数字化测量指标体系如图 4-1 所示，包括 3 个解释变量：用户数字化、关键业务数据化和关键合作网络化，每个解释变量再由 3 个测量变量度量（数据采集项），分别为个性化定制、网络精准营销、产品生命周期服务、数据管理、业务数据驱动、数据价值深度挖掘、价值网络共创、跨企业协同和企业内集成，共 9 个二级测量变量。

第三阶段，从 2018 年 9 月初开始到 10 月底，给分标准的确定。在前两个阶段的质性分析基础上，从随机选取的 50 家企业中，确定出商业模式数字化水平最高的企业，即数字化领军者，经各项指标逐一对比分析，并反复讨论，最终确定以海尔商业模式数字化水平为标杆。本书采用李克特 5 级评分形式，由 2 名研究员同时打分，然后对比两人结果，再由团队成员一起不断讨论反复调整，最后形成统一的给分标准。紧接着，对前期随机选取的 30 家企业收集到的所有数据，借助 SPSS20.0 软件进行小样本测试和探索性因子分析。其中，

9个二级指标最高分均为5分，最低为0分，数据再逐级加总平均，最终得到每个样本的总得分。

第四阶段，从2018年11月初到2019年2月中旬，对本书选取的所有样本（259家上市企业）进行打分，以获得后期实证模型所需数据。

第五阶段，从2019年2月中旬到3月底，通过企业年报、国泰安数据库等提取有关样本企业历年的员工人数、营业总收入、净利润、所有者权益等财务指标。同时，整理数据，以为后文的实证检验提供数据支撑。

第六阶段，从2019年7月初到2019年8月中旬，加入所有样本企业2018年最新的年报数据，进一步更新、完善后期分析所需的数据库。

最后，根据理论命题建立大样本实证模型，对各研究假设进行实证检验并得出最终结论。

二、变量的度量、数据来源及数据模型设定

本章所涉及的所有变量如表4-2所示，通过对国泰安数据库的相应样本数据进行因子分析，提取出三个测量变量，运营能力、盈利能力和发展能力作为三个因变量分别来度量企业价值，同时将各测量变量值与所在行业平均值对比，用李克特5级评分形式转化为1~5的分值。另外，为了消除其他因素对企业价值的影响，同时考虑到数据的可获取性以及多重共线性等问题，本书引入研发投入、企业规模、企业年龄、资产负债率、资产规模和行业共6个控制变量加以观察。其中企业规模由员工人数来测量，并转换成自然对数形式，以避免数量型变量的分布由于左偏或右偏而产生误差；企业经营的年数表示企业年龄，并转换成自然对数形式；资产总额测量的是资产规模，并转换成自然对数形式。本书主要涵盖了制造业、服务业、房地产业、金融保险业等多个行业，根据样本出现的频数，使用分类变量来测量行业类型，1代表制造业，2

代表服务业，0代表其他行业。考虑到数据完整性，从原始样本总计259家上市公司中剔除了数据缺失的上市公司，剔除数据缺失的样本后共182家，1092个观测值。样本具体情况如下：

第一，行业分布情况。所有样本企业中，制造业企业数量最多，共109家，占比42.08%；其次是服务业，共92家，占比35.52%；批发零售业共14家，占比5.41%；房地产业共12家，占比4.63%；金融保险业共11家，占比4.25%；新闻出版业8家，占比3.09%；畜牧业等其他行业共13家，占比5.02%。

第二，规模分布情况。按照企业人数规模，1000~5000人以下的企业最多，共126家，占到48.65%；5000~10000人以下的企业45家，占比17.37%；10000人以上的超大型企业50家，占比19.31%；500~1000人以下的企业共22家，占比8.49%；而500人以下的中小企业仅16家，占比6.18%。

第三，企业性质分布情况。所有样本企业中，私营企业数量最多，共194家，占比74.9%，其次是国有企业，共61家，占比23.9%，外资企业4家，占比1.2%。

根据质性研究阶段所得到的理论假设，本书建立如下数据模型：

（1）二次模型：

$$Y=\alpha_0+\alpha_1X_i+\alpha_2X_i^2+\beta_1R\&D+\beta_2\ln empl+\beta_3\ln age+\beta_4Debt+\beta_5\ln zcze+\mu_i$$

其中，$i=1，2，3$；

控制行业：

$$Y=\alpha_0+\alpha_1X_i+\alpha_2X_i^2+\beta_1R\&D+\beta_2\ln empl+\beta_3\ln age+\beta_4Debt+\beta_5\ln zcze+\beta_6 indus+\mu_i,$$

其中，$i=1，2，3$；

加入交互项：

$$Y=\alpha_0+\alpha_1X_1+\alpha_2X_1^2+\alpha_3X_1X_2+\alpha_4X_1X_3+\beta_1R\&D+\beta_2\ln empl+\beta_3\ln age+\beta_4Debt+\beta_5\ln zcze+\mu_i$$

$$Y=\alpha_0+\alpha_1X_2+\alpha_2X_2^2+\alpha_3X_1X_2+\alpha_4X_2X_3+\beta_1R\&D+\beta_2\ln empl+\beta_3\ln age+\beta_4Debt+\beta_5\ln zcze+\mu_i$$

$Y = \alpha_0 + \alpha_1 X_3 + \alpha_2 X_3^2 + \alpha_3 X_1 X_3 + \alpha_4 X_2 X_3 + \beta_1 R\&D + \beta_2 \ln empl + \beta_3 \ln age + \beta_4 Debt + \beta_5 \ln zcze + \mu_i$

加入交互项并控制行业：

$Y = \alpha_0 + \alpha_1 X_1 + \alpha_2 X_1^2 + \alpha_3 X_1 X_2 + \alpha_4 X_1 X_3 + \beta_1 R\&D + \beta_2 \ln empl + \beta_3 \ln age + \beta_4 Debt + \beta_5 \ln zcze + \beta_6 indus + \mu_i$

$Y = \alpha_0 + \alpha_1 X_2 + \alpha_2 X_2^2 + \alpha_3 X_1 X_2 + \alpha_4 X_2 X_3 + \beta_1 R\&D + \beta_2 \ln empl + \beta_3 \ln age + \beta_4 Debt + \beta_5 \ln zcze + \beta_6 indus + \mu_i$

$Y = \alpha_0 + \alpha_1 X_3 + \alpha_2 X_3^2 + \alpha_3 X_1 X_3 + \alpha_4 X_2 X_3 + \beta_1 R\&D + \beta_2 \ln empl + \beta_3 \ln age + \beta_4 Debt + \beta_5 \ln zcze + \beta_6 indus + \mu_i$

（2）线性回归模型：

$Y = \alpha_0 + \alpha_1 X_1 + \alpha_2 X_1 X_2 + \alpha_3 X_1 X_3 + \beta_1 R\&D + \beta_2 \ln empl + \beta_3 \ln age + \beta_4 Debt + \beta_5 \ln zcze + \mu_i$

$Y = \alpha_0 + \alpha_1 X_2 + \alpha_2 X_1 X_2 + \alpha_3 X_2 X_3 + \beta_1 R\&D + \beta_2 \ln empl + \beta_3 \ln age + \beta_4 Debt + \beta_5 \ln zcze + \mu_i$

$Y = \alpha_0 + \alpha_1 X_3 + \alpha_2 X_1 X_3 + \alpha_3 X_2 X_3 + \beta_1 R\&D + \beta_2 \ln empl + \beta_3 \ln age + \beta_4 Debt + \beta_5 \ln zcze + \mu_i$

控制行业：

$Y = \alpha_0 + \alpha_1 X_1 + \alpha_2 X_1 X_2 + \alpha_3 X_1 X_3 + \beta_1 R\&D + \beta_2 \ln empl + \beta_3 \ln age + \beta_4 Debt + \beta_5 \ln zcze + \beta_6 indus + \mu_i$

$Y = \alpha_0 + \alpha_1 X_2 + \alpha_2 X_1 X_2 + \alpha_3 X_2 X_3 + \beta_1 R\&D + \beta_2 \ln empl + \beta_3 \ln age + \beta_4 Debt + \beta_5 \ln zcze + \beta_6 indus + \mu_i$

$Y = \alpha_0 + \alpha_1 X_3 + \alpha_2 X_1 X_3 + \alpha_3 X_2 X_3 + \beta_1 R\&D + \beta_2 \ln empl + \beta_3 \ln age + \beta_4 Debt + \beta_5 \ln zcze + \beta_6 indus + \mu_i$

其中 α_0 为截距项，$\alpha_1 \sim \alpha_4$、$\beta_1 \sim \beta_6$ 为相应变量的回归系数，μ_i 为误差项，其中 Y 代表被解释变量，X_i 代表解释变量。如果二次模型成立，则不考虑一次模型，如果二次模型不成立，则进一步考虑一次模型，以选取最为合适的模型作为最终的实证模型。

表 4-2　本书变量汇总说明和信效度

类型	变量名称	代码	变量测量维度	信效度指标
解释变量	用户数字化	X_1	从用户画像、个性化定制、产品全价值链服务、网络精准营销等维度打分，最低 1 分、最高 5 分	总 Cronbach's α=0.883 KMO=0.839 Bartlett 检验卡方值 = 2.477E3 P=0.000（<0.001）
	关键业务数据化	X_2	从数据管理、业务数据驱动、数据价值深度挖掘维度打分，最低 1 分、最高 5 分	
	关键合作网络化	X_3	从企业内集成、跨企业协同、价值网络共创三个维度打分，最低 1 分、最高 5 分	
被解释变量	盈利能力	Y_1	因子分析，对可持续增长率、总资产净利润率、净资产收益率、营业净利率、总营业成本率影响较大的因子，命名为"盈利能力"	总 Cronbach's α=0.822 KMO=0.815 Bartlett 检验卡方值 = 7.271E3 P=0.000（<0.001） 因子载荷分别为 0.963、0.993、0.957，累计解释总体方差为 76.610%
	营运能力	Y_2	因子分析，对流动资产周转率、总资产周转率、股东权益周转率影响较大的因子，命名为"营运能力"	
	发展能力	Y_3	因子分析，对综合收益增长率、营业总收入增长率影响较大的因子，命名为"发展能力"	
控制变量	研发投入	R&D	企业每年研发投入水平	来源于国泰安 CSMAR 数据库
	企业规模	Lnempl	员工人数的对数	
	企业年龄	Lnage	企业年龄的对数	
	资产负债率	Debt	总负债/总资产	
	资产总额	Lnzcze	资产总额的对数	
	行业	Indus	行业分类	

三、样本数据的基本统计分析

本书借助 SPSS20.0 进行因子分析、Stata16.0 进行数据模型分析，采用 KMO 值和 Cronbach's Alpha 系数分析测量指标体系的效度和信度（见表 4-2）。解释变量总 Cronbach's Alpha 系数为 0.883，被解释变量总 Cronbach's Alpha 系数为 0.822，说明测量指标体系的信度较高。从检验结果看，各变量的 Cronbach's Alpha 值均大于 0.70，内容效度良好。各变量的 KMO 值基本上均大于

0.60，具有较好的建构效度。其中被解释变量主成分分析中盈利能力、运营能力、发展能力三个因子的因子载荷分别为0.963、0.993、0.957，累计解释总体方差为76.610%。

（一）样本各行业商业模式数字化水平整体情况描述

本书样本数据来自“互联网+”板块的259家上市企业，覆盖国内不同发展阶段、不同地区、不同行业和不同规模的企业，涵盖制造业、服务业、批发零售业、房地产以及新闻出版业等传统行业，也兼顾了大型、中型、小微型等不同规模，以及国有、民营、外资等多种企业性质，具有较强的代表性。

（1）各行业商业模式数字化水平分析。

表4-3列出了2012~2018年样本各行业的整体情况，数据显示，历年商业模式数字化水平最高的两个行业分别是服务业和批发零售业，制造业则排在第三位。从商业模式数字化发展速度来看，金融保险业2013年、2014年、2015年明显领先，增长率分别为333.33%、294.87%和111.04%，其次是房地产行业，2013年、2014年、2015年增长率均在100%以上；服务业、批发零售业和制造业保持了平稳增长；畜牧业和煤炭开采洗选业等其他行业发展速度相对缓慢，这些行业商业模式数字化水平每年均低于平均水平。

第一，服务业商业模式数字化水平情况分析。本书将信息技术业、计算机应用服务业、通信服务业、互联网和相关服务业以及软件和信息技术服务业统归于服务业，从这五类行业的角度分析，对于计算机、信息技术等行业而言，其整体的信息化水平、网络化程度的起点均较高，相较于其他行业具备了先天优势，尤其是在基础设备、产品或服务的研发、生产流程的精细化管控等方面具备信息网络技术应用基础，整个行业商业模式数字化水平在2012~2018年均保持着领先地位，且逐年呈现出增长态势。

第二，批发零售业商业模式数字化水平情况分析。该行业与用户的距离较近，与互联网的接触相对更早，数字化思维、理念和技术更易融合，因此数字化技术对其商业模式的作用显著。自从 2016 年在云栖大会上阿里巴巴提出“新零售”概念以后，引发了零售行业的新一轮商业模式创新浪潮，促使所有零售企业都认识到新的科技和应用正在重塑零售业，但仍处于起步与实践阶段，距离“千人千面，永远在线”的智慧阶段尚有很大差距（德勤，2017）。

第三，制造业商业模式数字化水平情况分析。制造业整体商业模式数字化水平排在第三。以仪器仪表制造业、汽车制造业、电子设备制造业以及专用设备制造业为主的制造业生产链条较长，其产品的生产制造周期长、流程相对复杂，传统发展模式中需要通过核心企业在产业链上下游层面带动其他企业，通过战略协同、资源共享等方式，提升整个行业的协同水平和响应市场的速度。随着大数据、互联网等数字化技术的深入应用，平台化运营模式以及数字化供应链和价值网的构建，打破了传统的上下游线性生产长链条，实现与利益相关者实时互动、动态协同的价值共创模式。

第四，新闻出版业商业模式数字化水平情况分析。2014 年 4 月 30 日，为促进新闻出版业的数字化转型升级，国家层面发布了《关于推动新闻出版业数字化转型升级的指导意见》。具体政策的出台，可能促进了新闻出版业的商业模式数字化水平逐年增长，且超过了所有行业的平均水平。

第五，金融业和保险业商业模式数字化水平情况分析。虽然大数据、区块链、人工智能等技术正在重塑金融业和保险业，本书的数据结果却显示其商业模式数字化水平仍处于较低水平，远低于全样本的平均水平。但是，从历年发展趋势看，金融和保险业与数字技术融合仍有很大的发展潜力，尤其是 2017 年 7 月，国家层面出台了《新一代人工智能发展规划》，专门指出要搭建金融大数据系统，以此来促进“智能金融”的发展。

第六，房地产业商业模式数字化水平情况分析。房地产业同样处于数字化的早期阶段，数据显示该行业商业模式数字化水平和发展速度均相对落后。然而，对于房地产企业而言，规模越大、管理的复杂度越大，企业运营所需协同的内、外部资源也就越多，企业越需要通过数字化商业模式打破行业边界以及专业壁垒，跨企业、跨行业、跨地域实时协同，实现价值共创。

第七，其他行业商业模式数字化水平。畜牧业、煤炭开采和洗选业等对资源的依赖性较强，行业整体集中度很高，目前受数字化技术的影响最小，其商业模式数字化发展水平和发展速度方面均相对落后。

表 4-3 2012~2018 年各行业商业模式数字化水平整体情况

年份＼行业	制造业	服务业	批发零售业	房地产	金融保险业	新闻出版业	其他	均值
2012	0.47	**0.82**	**0.79**	0.06	0.03	0.40	0.00	**0.37**
2013	0.91	**1.16**	**1.35**	0.13	0.13	0.83	0.33	**0.69**
2014	1.30	**1.71**	**1.75**	0.27	0.51	1.32	0.57	**1.06**
2015	1.78	**2.29**	**2.02**	0.63	1.08	2.02	0.92	**1.53**
2016	2.11	**2.71**	**2.50**	0.85	1.45	2.22	1.16	**1.86**
2017	2.39	**3.01**	**2.90**	1.22	1.55	2.33	1.48	**2.13**
2018	2.80	**3.38**	**3.30**	1.53	1.97	2.59	1.77	**2.48**

（2）用户数字化、关键业务数据化及关键合作网络化得分情况分析。

从图 4-2 中可以看出，2012 年全样本企业商业模式数字化水平为 0.37，2018 年则为 2.48，2018 年的商业模式数字化水平是 2012 年的 6.7 倍。根据每年的变化情况，用户数字化、关键业务数据化、关键合作网络化三个指标水平均保持着不断提高的态势。其中，用户数字化发展水平和发展速度则相对缓慢，关键业务数据化在三个指标中每年都保持着领先地位，其次是关键合作网络化。然而在 2012~2014 年，关键合作网络化的增长速度快于数据驱动，从 2014 年开始后者的增长速度又明显快于前者，可能的原因是受国家出台的《“十三五”国家信息化规划》以及“互联网+”行动计划的影响。

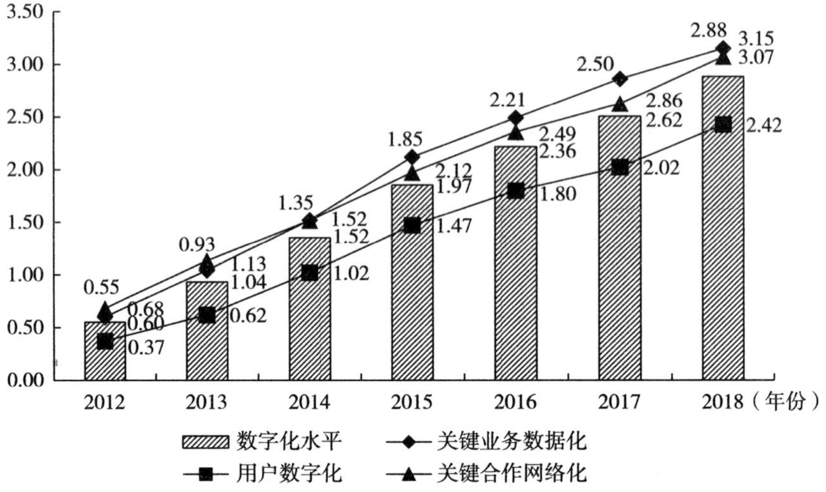

图 4-2　2012~2018 年样本企业各测量指标得分水平

（3）大型企业商业模式数字化水平相对领先，小型企业转型活跃。

从规模角度看，2018 年 5000 人以上、500~5000 人、500 人以下三种规模企业的商业模式数字化水平均较 2017 年有所提升。如图 4-3 所示，通过对比不同规模企业商业模式数字化水平发现，大型企业当前水平处于领先地位，可能是因为大型企业拥有良好的信息化基础、资金和管理基础，为商业模式数字化提供了重要的资源保障。尽管小型企业整体水平不高，但呈现出了快速追赶态势，2018 年增长速度为 38%，遥遥领先于中型企业的 14%和大型企业的 16%。

从不同规模企业商业模式数字化水平一级指标来看（见图 4-4），大、中、小型企业均在数据驱动方面优势明显，其中大中型企业在关键合作网络化上也领先于小型企业，而用户数字化对于所有企业来说都有待提高。由此可见，虽然企业的规模不同，但提高用户数字化水平是各企业相同的着力点。然而，对于大型企业来说，其关键业务数据化水平低于关键合作网络化水平，因此需进一步深度挖掘数据的价值；中型企业则在企业内外部资源协调、整合、利用能力方面仍需增强；小型企业则应在用户识别、基础设施网络化、价值网络共创等方面，进一步夯实基础。

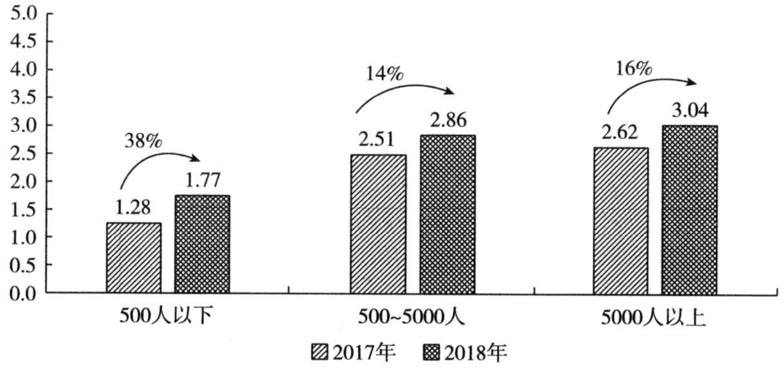

图 4-3 不同规模企业商业模式数字化水平及增长率

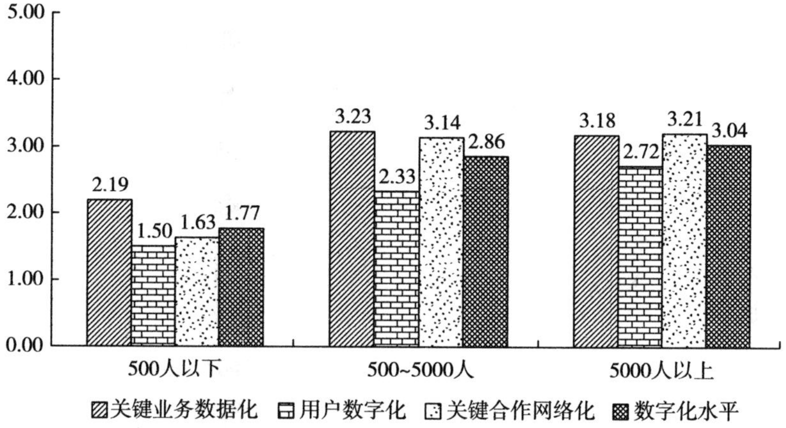

图 4-4 2018 年不同规模企业各测量变量得分水平

（二）描述性统计及相关性分析

本书所涉及的变量的描述性统计及其对应的相关系数如表 4-4 所示。从表 4-4 中可以看出：①用户数字化与盈利能力和发展能力正相关，与运营能力负相关，但并不显著；关键业务数据化与盈利能力、发展能力正相关，与运营能力显著负相关；关键合作网络化与盈利能力、发展能力正相关，与运营能力显著负相关。从这些结果来看，不能很好地确定解释变量与被解释变量之间是线性或 U 形关系，还需做出进一步检验，才能获得更加准确的结论。②本书

表 4-4　变量的描述性统计及其相关系数（N=1092）

	Mean	sd	X1	X2	X3	Lnage	Debt	RD	lnempl	lnzcze	indus	Y1	Y2	Y3	VIF
X1	1.220	1.280	1												2.20
X2	1.840	1.670	0.689**	1											2.95
X3	1.830	1.340	0.644**	0.731**	1										2.39
Lnage	2.780	0.280	0.198**	0.184**	0.193**	1									1.17
Debt	0.420	0.190	−0.025	0.061*	−0.003	0.221**	1								1.46
RD	6.230	7.180	0.088**	0.261**	0.101**	0.178**	0.359**	1							1.49
Lnempl	8.000	1.170	0.195**	0.052	0.144**	0.229**	0.436**	0.150**	1						1.38
Lnzcze	22.350	1.270	0.110**	0.049	0.109**	0.155**	0.075*	0.249**	−0.033	1					1.17
Indus	1.230	0.660	0.098**	0.200**	0.086**	−0.042	0.261**	0.432**	−0.019	0.282**	1				1.34
Y1	0.000	1.000	0.019	0.034	0.014	−0.097**	0.320**	0.064*	0.028	−0.049	0.187**	1			
Y2	0.000	1.000	−0.024	−0.204**	−0.071*	0.056	0.465**	0.437**	0.477**	0.058	0.203**	0.000	1		
Y3	0.000	1.000	0.030	0.012	0.032	−0.007	0.127**	0.126**	−0.015	0.085**	0.140**	0.000	0.000	1	

注：* 表示在 $p<0.05$ 水平下显著；** 表示在 $p<0.01$ 水平下显著。

对所有变量进行了中心化处理，观察计算出的方差膨胀因子 VIF，发现均在 3 以内，且 VIF 的均值为 1.73，因此，可视为排除了多重共线性的影响。

四、理论假设的实证检验结果分析

接下来，本书借助 Stata16.0 对数据模型进行分析，先对二次模型进行检验，如果二次模型成立，则不考虑一次模型；如果二次模型不成立，则考虑线性回归模型。本书采用前向逐步回归分析法对数据模型进行评估和检验，即先将控制变量加入模型，以此作为基础模型，再在此模型基础上，逐步加入解释变量，反复观察变量的显著性，直到加入的变量不再显著为止，以此选出最为合适的模型，作为最终的实证模型。具体的做法及分析结果如下：

（一）商业模式数字化路径与运营能力关系的实证检验

根据表 4-5，F 检验中，模型 1 到模型 4 的 F 检验统计量的观测值分别为 204.79、148.88、161.76 和 149.74，且均在 0.01 水平上显著，说明可拒绝二次模型的零假设，认为各系数不同时为 0，即可建立运营能力与各个解释变量间的二次曲线模型。可决系数 R^2 分别为 0.411、0.413、0.424 和 0.416，说明各模型的拟合优度较好。根据模型 2，X_1 的一次项虽在 0.1 的水平下显著，但二次型不显著，结果表明用户数字化与运营能力间不存在显著的 U 形关系，因此，后文会进一步检验两者间的线性关系。根据模型 3，X_2 的一次项在 0.01 的水平下显著，平方项则在 0.1 的水平下显著，结果表明关键业务数据化与运营能力间存在显著的 U 形关系，H_{2b} 成立，并且极值点为：$-[-0.1428/(0.01827\times2)]=3.91$。根据模型 4，$X_3$ 的一次项虽在 0.05 的水平下显著，但平方项不显著，因此，关键合作网络化与运营能力间并不存在显著的 U 形关系，H_{3b} 未得到有力的支持。

表 4-5 商业模式数字化路径与运营能力关系分析

变量类型	模型 1	模型 2	模型 3	模型 4
Lnage	-0.478***	-0.443***	-0.391***	-0.435***
Debt	1.119***	1.086***	1.092***	1.095***
RD	-0.046***	-0.045***	-0.042***	-0.045***
Lnempl	0.310***	0.314***	0.317***	0.317***
Lnzcze	-0.007	-0.002	0.003	0.001
$X_{i(i=1,2,3)}$		-0.104*	-0.143***	-0.111**
$X_i \times X_{i(i=1,2,3)}$		0.022	0.018*	0.015
_cons	-1.174**	-1.347***	-1.567***	-1.405***
N	1092	1092	1092	1092
R^2	0.411	0.413	0.424	0.416
F_value	204.79***	148.88***	161.76***	149.74***

注：*表示在 p<0.1 水平下显著；**表示在 p<0.05 水平下显著；***表示在 p<0.01 水平下显著。

根据表 4-6，在控制了行业的情况下，F 检验中，模型 1 到模型 4 的 F 检验统计量的观测值分别为 173.11、131.60、140.88 和 132.19，仍然均在 0.01 的水平上显著。可决系数 R^2 分别为 0.411、0.413、0.424 和 0.416，说明各模型的拟合优度仍然较好。各系数的显著性表明前面的结论仍然成立，即 X_2 关键业务数据化与运营能力间存在显著的 U 形关系，H_{2b} 仍然成立；关键合作网络化与运营能力间并不存在显著的 U 形关系，H_{3b} 未得到支持。

表 4-6 商业模式数字化路径与运营能力关系分析（控制行业）

变量类型	模型 1	模型 2	模型 3	模型 4
Lnage	-0.477***	-0.443***	-0.393***	-0.435***
Debt	1.113***	1.086***	1.099***	1.095***
RD	-0.046***	-0.045***	-0.042***	-0.045***

续表

变量类型	模型 1	模型 2	模型 3	模型 4
Lnempl	0.310***	0.314***	0.316***	0.317***
Lnzcze	-0.008	-0.002	0.005	0.001
Indus	-0.009	0.006	0.012	-0.000
$X_{i(i=1,2,3)}$		-0.104*	-0.143***	-0.111**
$X_i \times X_{i(i=1,2,3)}$		0.022	0.018*	0.015
_cons	-1.149***	-1.348***	-1.600***	-1.404***
N	1092	1092	1092	1092
R^2	0.4110	0.4134	0.4238	0.4161
F_value	173.11***	131.60***	140.88***	132.19***

注：* 表示在 $p<0.1$ 水平下显著；** 表示在 $p<0.05$ 水平下显著；*** 表示在 $p<0.01$ 水平下显著。

在表 4-7 中加入交互项，以对调节效应做进一步检验。F 检验中，模型 1 到模型 4 的 F 检验统计量的观测值分别为 204.79、124.63、134.54 和 128.52，仍然均在 0.01 的水平上显著。可决系数 R^2 分别为 0.411、0.422、0.425 和 0.420，说明各模型的拟合优度仍然较好。接下来观察各系数的显著性。根据模型 2 的结果，X_1 的平方项在 0.01 的水平上显著，但一次项并不显著，因此用户数字化与运营能力间仍然不存在显著的 U 形关系，后文会进一步探讨线性关系是否成立。根据模型 3，X_2 的一次项在 0.01 的水平上显著，平方项不显著，因此关键业务数据化与运营能力间不存在显著的 U 形关系，且与用户数字化和关键合作网络化间不存在显著的交互影响，因此在加入交互项后，H_{2b} 反而变得不成立了。但是，根据模型 4，X_3 的一次项和平方项均在 0.05 的水平上显著，并且与 X_2（关键业务数据化）的交互项在 0.01 的水平上显著负相关，数据表明关键合作网络化与运营能力间存在显著的 U 形关系，H_{3b} 成立，并且受到 X_2（关键业务数据化）的负向调节，即在临界值（约为 1.39）的左边，随着关键业务数据化程度的升高，关键合作网络化对运营能力的负向影响是逐渐减弱的；在临界值 1. 39 的右边，随着关键业务数据化程度的提高，关键合作网络化对运营能力的正向影响也是逐渐减弱的。

表 4-7　商业模式数字化路径与运营能力关系分析（含交互项）

变量类型	模型 1	模型 2	模型 3	模型 4
Lnage	-0. 478***	-0. 413***	-0. 395***	-0. 394***
Debt	1. 119***	1. 115***	1. 112***	1. 099***
RD	-0. 046***	-0. 043***	-0. 041***	-0. 043***
Lnempl	0. 309***	0. 308***	0. 309***	0. 310***
Lnzcze	-0. 006	-0. 004	0. 002	0. 001
$X_{i(i=1,2,3)}$		-0. 053	-0. 145***	-0. 125**
$X_i \times X_{i(i=1,2,3)}$		0. 061***	0. 009	0. 045**
c. X_1#c. X_2		-0. 042***	0. 007	
c. X_1#c. X_3		-0. 010		0. 002
c. X_2#c. X_3			0. 007	-0. 029***
_cons	-1. 174***	-1. 373***	-1. 472***	-1. 460***
N	1092	1092	1092	1092
R^2	0. 4110	0. 4216	0. 4246	0. 4199
F_value	204. 79***	124. 63***	134. 54***	128. 52***

注：** 表示在 p<0. 05 水平下显著；*** 表示在 p<0. 01 水平下显著。

根据表 4-8，在控制了行业的情况下，上述结论仍然成立。数据显示，在 F 检验中，模型 1 到模型 4 的 F 检验统计量的观测值分别为 173. 11、112. 03、120. 28 和 115. 24，仍然均在 0. 01 的水平上显著。可决系数 R^2 分别为 0. 411、0. 422、0. 425 和 0. 420，说明各模型的拟合优度很好且也有所提高。各系数的显著性表明：X_1（用户数字化）与运营能力间仍然不存在显著的 U 形关系；X_2（关键业务数据化）与运营能力间的 U 形关系仍然变得不显著，H_{2b} 未得到支持；而 X_3（关键合作网络化）与运营能力间反而存在显著的 U 形关系，H_{3b}

得到支持，但在这种关系中，X_2 起到了负向调节作用。

表 4-8　商业模式数字化路径与运营能力关系分析（控制行业）

变量类型	模型 1	模型 2	模型 3	模型 4
Lnage	-0.477***	-0.414***	-0.396***	-0.395***
Debt	1.113***	1.122***	1.121***	1.105***
RD	-0.046***	-0.043***	-0.041***	-0.043***
Lnempl	0.310***	0.308***	0.308***	0.309***
Lnzcze	-0.008	-0.002	0.003	0.002
Indus	-0.009	0.013	0.016	0.008
$X_{i(i=1,2,3)}$		-0.055	-0.146***	-0.125**
$X_i \times X_{i(i=1,2,3)}$		0.062***	0.008	0.045**
c. X_1#c. X_2		-0.043***	0.007	
c. X_1#c. X_3		-0.010		0.002
c. X_2#c. X_3			0.008	-0.029***
_cons	-1.149***	-1.409***	-1.516***	-1.483***
N	1092	1092	1092	1092
R^2	0.4110	0.4217	0.4247	0.4199
F_value	173.11***	112.03***	120.28***	115.24***

注：** 表示在 $p<0.05$ 水平下显著；*** 表示在 $p<0.01$ 水平下显著。

由于 X_1（用户数字化）与运营能力间不存在显著的 U 形关系，因此考虑线性回归模型，并采用前向逐步回归分析法加以分析。根据表 4-9，X_1（用户数字化）与运营能力间显著正相关，但是受到 X_2（关键数据网络化）的调节作用，在控制行业的情况下，此结论依然成立。表 4-9 中的数据显示，在 F 检验中，各模型的 F 检验统计量的观测值分别为 200.95、130.59 和 117.01，均在 0.01 的水平上显著。可决系数 R^2 分别为 0.416、0.424 和 0.425，说明各模型的拟合优度仍然较好。在模型 2 中 X_1 的系数在 0.05 的水平上显著，并且

X_1（用户数字化）与 X_2（关键业务数据化）的交互项在 0.01 的水平上显著负相关。根据模型 3，在控制行业后，该结论仍然成立。因此，数据结果表明，H_1 得到有力的支持，即用户数字化能够促进运营能力，但是随着关键业务数据化的程度不断提高，这种促进作用会有所减弱。

表 4-9　用户数字化与运营能力关系分析

变量类型	模型 1	模型 2	模型 3
Age	-0.023***	-0.021***	-0.020***
Debt	1.218***	1.216***	1.181***
lnRD	-0.248***	-0.235***	-0.224***
Lnempl	0.306***	0.312***	0.315***
Lnzcze	-0.025	-0.022	-0.027
X_1		0.0927**	0.0933**
c. X_1#c. X_2		-0.035***	-0.033**
c. X_1#c. X_3		0.001	-0.002
Indus			-0.065
_cons	-1.672***	-1.826***	-1.659***
N	1069	1069	1069
R^2	0.4161	0.4237	0.4250
F_value	200.95***	130.59***	117.01***

注：** 表示在 $p<0.05$ 水平下显著；*** 表示在 $p<0.01$ 水平下显著。

（二）商业模式数字化路径与发展能力关系的实证检验

数据分析表明 X_1（用户数字化）、X_2（关键业务数据化）和 X_3（关键合作网络化）与发展能力间的 U 形关系均不显著。限于篇幅，本书只呈现出全模型分析的数据结果。如表 4-10 所示，X_1、X_2 和 X_3 的一次项系数、二次项系数不显著；交互项的系数也不显著；控制行业以上结论仍然成立，H_{2a} 和 H_{3a} 未得到支持。因此，接下来考虑一次模型，并采用前向逐步回归法加以分析。

表 4-10 商业模式数字化路径与发展能力关系分析

linear regression						
				Number of obs	=	1，092
				F（15，1076）	=	4.16
				Prob > F	=	0.0000
				R-squared	=	0.0490
				Root MSE	=	0.98183
Y_3	Coef.	Robust Std. Err.	t	P>|t|	[95% Conf. Interval]	
X_1	0.0890494	0.0877323	1.02	0.310	-0.0830964	0.2611952
X11	0.120516	0.0305625	0.39	0.693	-0.0479172	0.0720204
X_2	-0.0771374	0.071742	-1.08	0.283	-0.2179075	0.0636326
X22	0.0258683	0.0230898	1.12	0.263	-0.0194379	0.0711744
X_3	0.1093975	0.079629	1.37	0.170	-0.0468483	0.2656432
X33	-0.0036543	0.0321496	-0.11	0.910	-0.0667372	0.0594287
c. X_1#c. X_2	0.0044592	0.0297922	0.15	0.881	-0.0539983	0.0629167
c. X_1#c. X_3	-0.0482876	0.0348566	-1.39	0.166	-0.1166822	0.0201069
c. X_2#c. X_3	-0.0089254	0.0369491	-0.24	0.809	-0.0814259	0.0635751
lnage	-0.1951577	0.1227691	-1.59	0.112	-0.4360516	0.0457362
Debt	0.6268407	0.1946723	3.22	0.001	0.2448604	1.008821
RD	-0.016005	0.0046001	-2.30	0.021	-0.0196268	-0.0015742
lnempl	-0.0609223	0.0306806	-1.99	0.047	-0.121123	-0.0007216
lnzcze	0.0219963	0.0265481	0.83	0.408	-0.0300957	0.0740883
indus	-0.1374506	0.0528399	-2.60	0.009	-0.2411315	-0.0337698
_cons	0.3559972	0.6943502	0.51	0.608	-1.006437	1.718431

注：$X11=X_1\times X_1$（用户数字化的平方）；$X22=X_2\times X_2$（关键业务数据化的平方）；$X33=X_3\times X_3$（关键合作网络化的平方）。

根据表4-11，数据结果表明 X_1（用户数字化）与发展能力间呈显著的正相关。在F检验中，模型1到模型4的F检验统计量的观测值分别为5.98、5.76、4.46和5.55，且均在0.01水平上显著，说明可拒绝各线性模型的零假设，认为各系数不同时为0，即可建立各个解释变量与发展能力间的线性回归模型。在模型2中，X_1（用户数字化）的系数在0.1的水平上显著，说明用户数字化能正向促进企业的发展能力；在模型3中，加入 X_1 与 X_2（关键业务数据化）和 X_1 与 X_3（关键合作网络化）的交互项后，X_1 的系数仍然显著，但不存在显著的交互效应；在模型4中，控制了行业，X_1 的系数仍然显著，交互项仍不显著，因此，研究表明 X_1（用户数字化）与发展能力间呈显著的正相关关系，H_1 得到支持。

表4-11　用户数字化与发展能力关系分析

变量类型	模型1	模型2	模型3	模型4
Age	-0.005	-0.007	-0.007	-0.006
Debt	0.754***	0.786***	0.787***	0.697***
lnRD	-0.008	-0.016	-0.016	0.013
Lnempl	-0.066**	-0.078***	-0.076**	-0.068**
Lnzcze	0.062**	0.055**	0.054**	0.041
X_1		0.046*	0.096*	0.097*
c. X_1#c. X_2			-0.003	0.004
c. X_1#c. X_3			-0.012	-0.019
Indus				-0.168***
_cons	-1.066	-0.844	-0.860	-0.431
N	1069		1069	1069
R^2	0.0271	0.0302	0.0312	0.0401
F_value	5.98***	5.76***	4.46***	5.55***

注：*表示在p<0.1水平下显著；**表示在p<0.05水平下显著；***表示在p<0.01水平下显著。

根据表 4-12 和表 4-13，X_2（关键业务数据化）与发展能力和 X_3（关键合作网络化）与发展能力间均不存在显著的线性关系；加入交互项，线性关系仍不显著；控制行业，以上结论仍然成立。因此，H_{2a} 和 H_{3a} 未得到支持。

表 4-12 关键业务数据化与发展能力关系分析

变量类型	模型 1	模型 2	模型 3	模型 4
Age	-0.005	-0.006	-0.006	-0.005
Debt	0.754***	0.758***	0.769***	0.683***
lnRD	-0.008	-0.016	-0.014	0.013
Lnempl	-0.066**	-0.068**	-0.073**	-0.065**
Lnzcze	0.062**	0.058**	0.058**	0.043
X_2		0.019	0.004	0.019
c. X_1#c. X_2			0.004	0.009
c. X_2#c. X_3			-0.003	-0.005
Indus				-0.166***
_cons	-1.066	-0.980	-0.931	-0.493
N	1069	1069	1069	1069
R^2	0.0271	0.0280	0.0287	0.0375
F_value	5.98***	5.13***	4.06***	5.11***

注：** 表示在 p<0.05 水平下显著；*** 表示在 p<0.01 水平下显著。

表 4-13 关键合作网络化与发展能力关系分析

变量类型	模型 1	模型 2	模型 3	模型 4
Age	-0.005	-0.007	-0.006	-0.005
Debt	0.754***	0.763***	0.767***	0.683***
lnRD	-0.008	-0.016	-0.014	0.014

续表

变量类型	模型 1	模型 2	模型 3	模型 4
Lnempl	-0.066**	-0.073**	-0.076**	-0.068**
Lnzcze	0.062**	0.056**	0.055**	0.042
X_2		0.035	0.056	0.052
c. X_1#c. X_3			0.005	0.003
c. X_2#c. X_3			-0.009	-0.006
Indus				-0.158***
_cons	-1.066	-0.907	-0.890	-0.491
N	1069	1069	1069	1069
R^2	0.0271	0.0291	0.0296	0.0377
F_value	5.98***	5.48***	4.21***	5.11***

注：** 表示在 $p<0.05$ 水平下显著；*** 表示在 $p<0.01$ 水平下显著。

（三）商业模式数字化路径与盈利能力关系的实证检验

根据表 4-14，X_1（用户数据化）、X_2（关键业务数据化）和 X_3（关键合作网络化）与盈利能力间不存在显著的 U 形关系；加入交互项，U 形关系均不成立；控制行业，各个解释变量与盈利能力间的 U 形关系仍不显著。限于篇幅，本书只呈现出各个解释变量与盈利能力间二次曲线关系全模型的分析数据。由于二次曲线关系不成立，因此考虑线性回归模型。由表 4-15 可知，各个解释变量与盈利能力间的线性关系也不显著；加入交互项，仍不显著；控制行业，以上结论仍然成立。限于篇幅，本书仍只呈现出各个解释变量与盈利能力间线性关系全模型的分析数据。因此，H_1、H_{2a} 和 H_{3a} 均未得到有力支持。

表 4-14　商业模式数字化路径与盈利能力二次曲线关系分析

linear regression						
				Number of obs	=	1，092
				F（15，1076）	=	13.59
				Prob > F	=	0.0000
				R-squared	=	0.01705
				Root MSE	=	0.91714

Y_1	Coef.	Robust Std. Err.	t	P>|t|	[95% Conf. Interval]	
X_1	-0.0145953	0.0871908	-0.17	0.867	-0.1856785	0.1564879
X11	0.064482	0.0281004	2.29	0.022	0.0093441	0.1196199
X_2	0.0275665	0.0651364	0.42	0.672	0.1002423	0.1553753
X22	0.0216395	0.0226082	0.96	0.339	-0.0227216	0.0660006
X_3	-0.0669538	0.0831745	-0.80	0.421	-0.2301564	0.09628487
X33	0.144548	0.0325612	0.44	0.657	-0.0494358	0.0783455
c.X_1#c.X_2	-0.0862318	0.0337235	-2.56	0.011	-0.152403	-0.0200606
c.X_1#c.X_3	-0.016539	0.0390084	-0.42	0.672	-0.0930801	0.060002
c.X_2#c.X_3	0.0133335	0.0362152	0.37	0.713	-0.057727	0.0843939
lnage	-0.286562	0.113524	-2.52	0.012	-0.5093156	-0.0638084
Debt	-2.088694	0.1828021	-11.43	0.000	-2.447383	-1.730005
RD	-0.0195948	0.0047458	-4.13	0.000	-0.0289068	-0.0102827
lnempl	0.184941	0.0282686	6.54	0.000	0.1294731	0.2404089
lnzcze	0.0066951	0.023526	0.28	0.776	-0.0394669	0.0528572
indus	0.2103916	0.0513955	4.09	0.000	0.1095448	0.3112383
_cons	-0.1070686	0.6429857	-0.17	0.868	-1.368717	1.154579

注：$X11=X_1\times X_1$（用户数字化的平方）；$X22=X_2\times X_2$（关键业务数据化的平方）；$X33=X_3\times X_3$（关键合作网络化的平方）。

表 4-15 商业模式数字化路径与盈利能力线性关系分析

linear regression						
				Number of obs	=	1, 092
				F (12, 1079)	=	16.76
				Prob > F	=	0.0000
				R-squared	=	0.1656
				Root MSE	=	0.91853

Y_1	Coef.	Robust Std. Err.	t	P>|t|	[95% Conf. Interval]	
X_1	0.0734885	0.071368	1.03	0.303	-0.0665473	0.2135243
X_2	0.0414934	0.0548359	0.76	0.449	-0.0661037	0.1490904
X_3	-0.0720272	0.0522234	-1.38	0.168	-0.174498	0.0304437
c. X_1#c. X_2	-0.0480148	0.0272409	-1.76	0.078	-0.101466	0.0054363
c. X_1#c. X_3	0.0014935	0.032774	0.05	0.964	-0.0628144	0.0658014
c. X_2#c. X_3	0.0277401	0.0205913	1.35	0.178	-0.0126634	0.0681436
lnage	-0.2972679	0.1143086	-2.60	0.009	-0.5215602	-0.0729756
Debt	-2.0659	0.1818507	-11.36	0.000	-2.422721	-1.709079
RD	-0.0178615	0.0047621	-3.75	0.000	-0.0272056	-0.0085175
lnempl	0.1873486	0.028037	6.68	0.000	0.1323354	0.2423619
lnzcze	0.0072902	0.0235665	0.31	0.757	-0.0389513	0.0535316
indus	0.2049574	0.0510529	4.01	0.000	0.1047832	0.3051316
_cons	-0.1116857	0.6411654	-0.17	0.862	-1.369758	1.146387

注：$X11=X_1 \times X_1$（用户数字化的平方）；$X22=X_2 \times X_2$（关键业务数据化的平方）；$X33=X_3 \times X_3$（关键合作网络化的平方）。

（四）稳健性检验

在前文的回归中，为了保持结果稳健，在控制了行业的情况下，X_2（关键业务数据化）和 X_3（关键合作网络化）与运营能力之间的 U 形关系仍然成立；用户数字化与运营能力和发展能力均呈显著的正相关关系，控制了行业，结论也仍然成立。这里还尝试了以下三种稳健性测试：

（1）剔除 X_2（关键业务数据化）可能的异常值，即极大值或极小值样本后，重新估计 X_2 与运营能力间的关系模型，以尽可能地消除异常值给计量结果造成的偏差。限于篇幅，本书只呈现剔除极大值后，与原模型对比分析的结果（见表 4-16）。由表 4-16 可知，剔除异常值之后，结论不仅仍然成立，而且关键业务数据化与运营能力间的 U 形关系变得更加显著，这进一步增强了本书结果的可信度。

表 4-16 关键业务数据化与运营能力关系间的稳健性检验

变量类型	模型 1	模型 2	模型 3	模型 4
X_2	-0.143***	-0.143***	-0.168***	-0.169***
X22	0.0182*	0.0183*	0.0261**	0.0263**
Lnage	-0.391***	-0.393***	-0.382***	-0.384***
Debt	1.092***	1.098***	1.084***	1.096***
RD	-0.042***	-0.042***	-0.042***	-0.043***
Lnempl	0.317***	0.316***	0.313***	0.312***
Lnzcze	0.003	0.005	0.002	0.004
Indus		0.012		0.214
_cons	-1.567***	-1.600***	-1.521***	-1.582***
N	1092	1092	1058	1058
R^2	0.4237	0.4138	0.4073	0.4074
F_value	101.76***	140.88***	143.34***	124.42***

注：* 表示在 $p<0.1$ 水平下显著；** 表示在 $p<0.05$ 水平下显著；*** 表示在 $p<0.01$ 水平下显著。

（2）剔除 X_3（关键合作网络化）可能的异常值，即极大值或极小值样本后，重新估计 X_3 与运营能力间的关系模型，以尽可能地消除异常值对计量结果造成的偏差。限于篇幅，本书只呈现剔除异常值后，与原模型对比分析的结果（见表 4-17）。由表 4-17 可知，剔除异常值之后，结论不仅仍然成立，而且关键合作网络化与运营能力间的 U 形关系同样变得更加显著，且系数变大，这进一步增强了本书结果的可信度。

表 4-17 关键合作网络化与发展能力关系间的稳健性检验

变量类型	模型 1	模型 2	模型 3	模型 4
X_3	-0.125**	-0.125**	-0.133**	-0.134**
X33	0.0449**	0.0452***	0.0485***	0.0489***
c. X_1#c. X_3	0.002	0.002	0.001	0.002
c. X_2#c. X_3	-0.0285***	-0.0286***	-0.029***	-0.029***
Lnage	-0.394***	-0.395***	-0.395***	-0.396***
Debt	1.099***	1.105***	1.099***	1.106***
RD	-0.043***	-0.043***	-0.043***	-0.043***
Lnempl	0.310***	0.309***	0.309***	0.308***
Lnzcze	0.001	0.002	0.001	0.003
Indus		0.008		0.012
_cons	-1.460***	-1.483***	-1.462***	-1.494***
N	1092	1092	1086	1086
R^2	0.4198	0.4199	0.4168	0.4169
F_value	128.52***	115.24***	126.06***	112.89***

注：** 表示在 p<0.05 水平下显著；*** 表示在 p<0.01 水平下显著。

（3）剔除 X_1（用户数字化）可能的异常值，即极大值或极小值样本后，重新估计 X_1 与运营能力和发展能力间的关系模型。如表 4-18 所示，结论仍然成立，而且同样系数变得更加显著。

表 4-18 用户数字化与运营能力和发展能力关系间的稳健性检验

变量类型	模型 1	模型 2	模型 3
Age	-0.023***	-0.020***	-0.007
Debt	1.218***	1.181***	1.281***
lnRD	-0.248***	-0.224***	-0.226***
Lnempl	0.306***	0.315***	0.255***
Lnzcze	-0.025	-0.027	-0.041*

续表

变量类型	模型 1	模型 2	模型 3
X_1		0.093**	0.231***
c. X_1#c. X_2		-0.033**	-0.045***
c. X_1#c. X_3		-0.002	-0.006
Indus		-0.065	-0.134
_cons	-1.672***	-1.659***	-1.269**
N	1069	1069	665
R^2	0.4161	0.4250	0.4909
F_value	200.95***	117.01***	101.31***

注：*表示在 p<0.1 水平下显著；**表示在 p<0.05 水平下显著；***表示在 p<0.01 水平下显著。

五、结果讨论

本章结果讨论如下：

（1）样本数据显示我国企业商业模式数字化水平整体偏低，但仍有很大的提升空间。具体来说，体现在如下三个方面：

第一，用户数字化作为商业模式数字化转型的切入点，在个性化定制、网络精准营销以及产品生命周期服务方面都有待提高。如图 4-5 所示，用户数字化下的三个测量指标，网络精准营销的得分和发展速度均是三者中最高的，但与最高水平间仍有较大差距。其次是产品生命周期服务，2018 年的发展水平较 2017 年提升了 14%，而个性化定制水平处于较低水平。相较于网络精准营销和产品生命周期服务水平，绝大多数企业在个性化定制上仍处于初期探索阶段，然而，个性化定制却是最能体现用户数字化的维度。像海尔或美的集团那样能对一条用户记录打上近 600 个标签，形成完整的 360 度用户画像的企业少之又少，比例不超过 6%（埃森哲，2017），因此，个性化定制是所有企业都需投入关键资源去提高的短板。同样，所有企业在产品生命周期的不同阶段，如顾客订单状态跟踪、产品质量追溯、在线提供远程运维服务，向用户提供增值服务的能力也有待提升。从现有样本企业目前的状态看，绝大多数企业只能实现用户参与订单在物流环节的信息跟踪，该维度潜在的价值也需进一步挖掘。

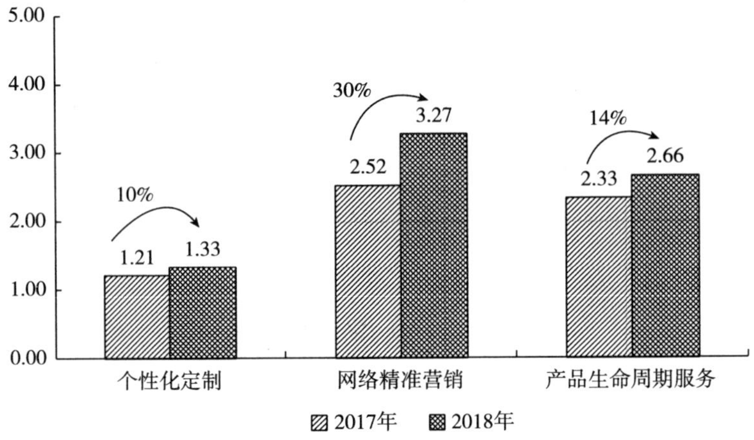

图 4-5　用户数字化下辖二级测量指标水平及增长率

第二，数据成为了驱动商业模式数字化的关键要素，能否对其进行有效管理和价值的深度挖掘，影响着企业竞争优势的可持续性。如图 4-6 所示，根据 2017 年和 2018 年的数据，可看出数据管理方面发展程度明显领先于业务数据驱动和数据价值深度挖掘。这一点表明样本企业对数据管理的重视都比较高，同时也能说明相当部分的企业具备信息收集和管理的基础设施和能力。企业在业务数据驱动和数据价值深度挖掘方面水平较低，得分均在 3 分以下，可见企业在这两方面的能力仍然是短板，有待进一步提高。另外，业务数据驱动水平在 2018 年的增长率为 14%是关键业务数据化下辖的三个二级测量指标中最大的，在2017年2.5分的水平上有了明显的增长，这也说明业务数据驱动成为了促进关键业务数据化水平提高的核心动力。再者，企业在数据价值深度挖掘方面的水平较低，在所有样本企业中仍有超过1/3的企业在这方面还未取得好的突破。然而，深度挖掘数据价值的能力有赖于算力、算据和算法，企业需持续提升这方面的能力，以帮助企业在未来获得持续的竞争优势。

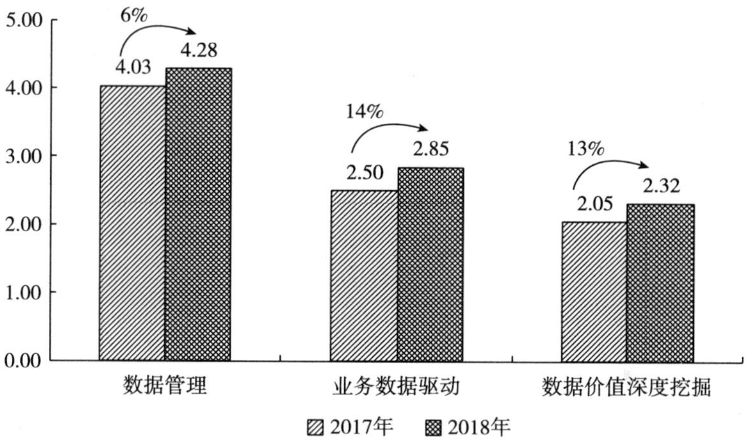

图4-6　关键业务数据化下辖二级测量指标水平及增长率

第三，关键合作网络化是商业模式数字化的重要方向。如图4-7所示，样本数据显示，2017年和2018年关键合作网络化水平分别为2.62分和3.07分，逐年稳步提升，跨企业的互联和协同初见成效，开放、动态的数字化价值网络正在逐步形成。进一步分析发现，关键合作网络化下辖的三个测量指标中，企业内集成水平最高，2018年的得分接近4.5分，但2018年的增长速度仅为12%，相对较低。该指标是实现跨企业互联的基础，体现的是企业内部设备设施互联和关键业务集成的情况，企业通过开展设备设施的升级改造、内部业务集成和平台化运营等方式，能够有效提升企业内集成水平。然而，跨企业协同和价值网络共创两者的得分依次降低，尤其是后者的发展水平滞后非常明显，但跨企业协同的发展速度却是三者中最高的。跨企业协同与价值网络共创，不仅需要企业自身实现更高水平的信息化与网络化，还需要在内部集成的基础上，与供应商、合作伙伴、顾客等其他价值主体间进行资源的实时动态共享和高效协同运作，以更低的成本、更快的速度满足顾客的个性化需求。

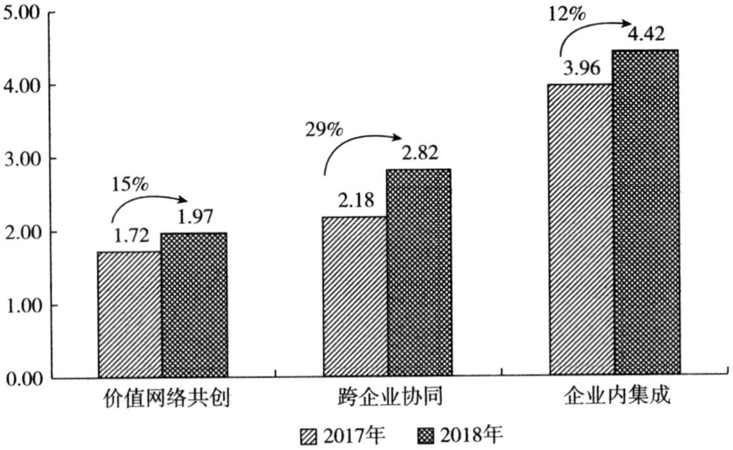

图 4-7　价值网络数字化下辖二级指标水平及增长率

（2）本书将商业模式数字化路径与企业绩效间的关系归纳于表 4-19。

表 4-19　商业模式数字化路径与企业绩效关系综合分析

测量变量	运营能力 Y_1	对应假设	检验结果	发展能力 Y_2	对应假设	检验结果	盈利能力 Y_3	检验结果
用户数字化 X_1	显著正相关	H_1	支持	显著正相关	H_1	支持	显著正相关	不支持
关键业务数据化 X_2	显著 U 形关系	H_{2b}	支持	U 形或线性	H_{2a}/H_{2b}	不支持	U 形或线性	不支持
关键合作网络化 X_3	显著 U 形关系	H_{3b}	支持	U 形或线性	H_{3a}/H_{3b}	不支持	U 形或线性	不支持

通过前文的数据分析，研究表明：

第一，关键业务数据化与运营能力间存在显著的U形关系，阈值为3.91。研究表明X_2（关键业务数据化）与运营能力间存在显著的U形关系，并且极值点为：-［-0.1428/（0.01827×2）］=3.91；控制行业，X_2（关键业务数据化）与运营能力间的U形关系仍然显著。该结论部分支持了埃森哲（2018）的研究，在数字化水平超过阈值（2.9）时，经营绩效均值展现出大幅提升。同时，该结论也部分支持了国外一些学者的研究，他们认为数字化能提高效率、资源利用的有效性，降低运营成本等（Plastino和Purdy，2018；Ransbotham et al.，2017；Castro和New，2016）。国内学者董晓舟和晁钢令（2018）指出虽有45.3%的企业采用了O2O融合的战略，但能否正向促进企业的经营绩效，迄今为止还缺乏实证检验，本书的研究及结论也回应了此呼吁。

第二，关键合作网络化与运营能力间存在显著的U形关系，阈值为1.39。该结论与Faems et al.（2012）的研究保持一致，他们认为核心企业处理不同联盟伙伴之间知识资源流动的能力是逐步积累的，并且前期监控伙伴和协调联盟的能力随着联盟关系数量的增加而下降；新加入网络的不同利益主体间会先经历磨合期，同时协调成本会增加，因此导致前期运营效率低下，约束了核心企业的价值创造进入稳定期后，则能正向促进运营绩效。也部分支持了一些国内外学者的研究。例如，Javier et al.（2019）通过对230家创业型中小企业的分析，发现中小企业合作的网络化对企业绩效有显著的正向影响。何伟和孙克（2018）研究指出，在生产经营互联网化和跨企业协同方面，由于其与效益产出关系紧密，且实现难度较高，尤其是跨企业协同，对企业基础管理和生产服务全过程信息化和网络化水平均有很高的要求，因而前期整体水平并不高。加之，随着“资源池”品种不断增加，一方面核心企业因为缺乏动态能力（如吸收能力或整合能力）而降低整合效率；另一方面多样性带来了复杂性，增加了协作和管理成本，反而使企业绩效受到负面影响（江积海和李军，2014；Jiang et al.，2010）。此外，有关关键合作网络化，现有研究较为缺乏与用户、供应商等利益相关者建立“在线”连接，实现实时互动，从而对价值创造产生影响等方面的研究，本书尝试着弥补了这一不足之处，丰富了相关研究。

研究还发现：关键业务数据化在关键合作网络化与运营能力关系间起着显著的负向调节作用。即在极值点 1.39 的左边，随着关键业务数据化程度的不断提高，关键合作网络化对运营能力的负向影响不断减弱；在极值点 1.39 的右边，随着关键业务数据化程度的不断提高，关键合作网络化对运营能力的正向作用也会不断减弱。从资源的获取和利用角度来看，关键合作网络化使企业更容易扩展资源获取和利用的范围，同时信息的扩散和透明度的提高，降低了资源获取的交易成本，从而有助于以新颖的数字化资源配置来创造价值。但是，关键业务数据化也可以使企业拥有的未充分利用的资源（如时间、车辆、空间和库存等）有效地商业化，提高资源的利用率和周转率，同时生成的新资源（如数据）也有助于企业识别出潜在的新的未满足的需求，又进一步增强了企业的价值创造（Amit 和 Xu，2017）。因此，关键合作网络化与关键业务数据化之间可能存在着显著的替代效应。

第三，用户数字化与运营能力和发展能力间均存在显著的正相关关系。即用户数字化能正向促进企业的运营能力和发展能力。由于用户数字化是商业模式数字化的起点，而发展能力代表的则是企业扩大规模、壮大实力的潜在能力，因此该结论也符合现实。也有国外学者同样指出如 AI 等数字化技术的使用能加速创新以获取竞争优势（Caroline et al.，2019；Cath et al.，2018；Plastino 和 Purdy，2018；Ransbotham，2017；Spohrer 和 Banavar，2017）。该结论也部分支持了 Peter 和 Stephanie（2015）的研究，他们研究指出在数字化客户体验方面排名前三的企业比行业中的竞争对手的净利润率高出 8.5%，收入增长率高出 7.8%。此外，现有研究较多探讨用户数字化与创新绩效间的关系，如新产品的开发，很少研究其与企业运营能力和发展能力间的关系，因此，本书的研究做了进一步的补充和完善。

研究还发现：关键业务数据化在用户数字化与运营能力的正向关系间起着显著的负向调节作用，即关键业务数据化与用户数字化之间存在替代效应。这种现象的出现，可能是因为虽然数字化手段使获取客户的速度空前提高，能够促进企业识别出用户潜在的未满足需求，甚至创造出新的需求，但是，随着与数字化相关的需求和虚拟资源（如数据）的种类不断增加，加之数字化手段对数据的收集和分析的简化，提高了资源的利用效率以及未满足需求与未充分利用的资源间匹配的有效性（Amit 和 Xu，2017）。因此，随着关键业务数据化程度不断提高，用户数字化对运营能力的正向促进作用可能会不断减弱。

第四，需特别指出的是，商业模式数字化各路径与盈利能力间既不存在显著的 U 形关系，也不存在显著的线性关系。本书得出了与现有研究相反的结论。例如，Acemoglu 和 Restrepo（2018）、Lu 等（2018）研究认为引入人工智能等数字化技术及设备可以提高用户参与度以及企业绩效（Serravalle et al.，2019）。也有学者通过对 3000 位高管的调查显示，有 30%的 AI 早期采用者通过使用 AI 来获得市场份额或扩展其服务实现了收入增长（Caroline et al.，2019；Bughin et al.，2017）。杨德明和刘泳文（2018）采用了 2013~2015 年中国上市公司相关数据，实证检验了“互联网+”对传统企业业绩的影响，他们的研究指出，传统企业与互联网的融合显著提升了企业业绩，与未实施“互联网+”的公司相比，实施“互联网+”的公司每股收益平均提升了约 31%。

然而，本书研究表明并不存在明显的正相关关系。一方面，可能是两者选取的样本不同，以致得出了不同的结论。另一方面，企业商业模式数字化并非一日之功，转型过程中面临失败的风险很大，并不一定能正向促进企业的盈利能力。如美的集团，从 2011 年底开始推进数字化商业模式，投资上百亿元，转型初期经历了阵痛，利润大幅下滑，现金流为负。蓝色光标 2015 年营业总收入为 83.47 亿元，超过行业均值的 4 倍，但该年净利润却为 0.77 亿元，低于行业均值 2.25 亿元，收入增长近 40%，净利润却下降 90.49%。同样，苏宁易购自 2009 年开始商业模式数字化，营业总收入以逐年数倍于行业均值的速度增长，但 2013 年、2014 年、2015 年净利润也有很大牺牲，直到 2016 年开始释放数字化潜力，2017 年营业总收入是行业均值的 6.9 倍，净利润则为 5.3 倍；2018 年营业总收入为 7.7 倍，净利润则达到了 10.7 倍。正如蓝色光标董事长兼 CEO 赵文权在媒体访谈中所说，“蓝色光标 2013 年便已经明确‘数字化，国际化’的长期战略……对于蓝色光标而言，当前阶段最重要的不是利润，而是收入的增长，尤其是数字营销收入的大规模增长……牺牲当前的部分利润以换取更快的发展速度，这恐怕是蓝色光标战略转型中必须付出的代价”。因此，现实中商业模式数字化对企业盈利能力的影响可能比本书所假定的关系更为复杂。

六、管理启示

本章得出的管理启示如下：

（1）企业应借助互联网、大数据、人工智能等数字化技术精准识别用户是谁，真正做到“和对的人在对的场景讲对的话”，并给到用户“量体裁衣”式的体验，提高顾客满意度，从而促进企业绩效。

第一，企业应在传统的年龄、收入等人口统计学特征之上，深入用户的生活方式、个性特征和消费场景等进行多角度深入分析，通过 360 度的精准画像，实现用户精准识别。例如，海尔可精准识别用户 1.3 亿人，用户画像标签达 61 亿条，通过对用户需求的精准把握提升了企业销售环节效率。同样，美的集团也可对一条用户记录打上近 600 个标签和多级标签属性，形成完整的 360 度的用户画像，以大数据为基础进行大规模定制。又如，天虹基于时间、空间等环境场景将用户分为宅在家、效率购物和家庭欢乐购三类。针对宅在家和购物追求效率的用户，天虹开发出的虹领巾 APP，有购物、天虹到家、海外购、生活服务等多个功能。同时，2013 年联手微信打造了行业首个可向虹领巾 APP 引流、提供会员服务、会员精细化管理功能的微信服务号。天虹针对用户的痛点、待办事项和目的等基础场景分析，也推出了相应的产品、服务和解决方案，如根据顾客购物前后的停车耗时、缴费不便等问题，天虹开发了虹领巾智慧停车场 APP，仅 2017 年全年使用就突破了 400 万单。

第二，企业应借助数字化技术，采用个性化营销，提供个性化服务，实现个性化体验，尤其在创意产业中，溢价往往取决于所提供服务的排他性和个性化水平。数字经济时代，商品是数字化的商品，消费者是数字化的人，他们期待随时随地随性进行场景触发式购物。互联网时代“脱媒”现象出现后，企业与顾客即使在没有渠道的帮助下也能彼此互动，如 O2O，通过线下体验然后在线上购买。因此，企业需要利用数字技术随时捕捉全面全域信息，实时感知消费者需求，依靠大数据来驱动具有个性化的针对性营销，以及通过双向即时互动，最大限度地即时影响消费者，以此提高顾客满意度和忠诚度。

第三，企业应提高能在产品生命周期的不同阶段向用户提供增值服务的能力。企业应加深将用户从消费领域引入到产品价值链的各个环节中的深度，如顾客订单状态跟踪、产品质量追溯、在线提供远程运维服务等。例如，苏宁自主研发出区块链商品溯源系统，能追踪产品的生产、加工、物流等环节，让用户能精确地一键查询所购商品的“前世今生”。在 2018 年“618”期间，苏宁易购线上和线下门店正式全面启动，用户通过贴在包装上的溯源编码，对一头牛来自哪里、生前吃了哪些饲料、在哪里结束了“一生”，又是如何被加工的、怎样被运输到超市的，等等，都能一目了然，也升级了顾客的数字化购物体验。

第四，数字化时代，消费者的主权意识觉醒、权利地位增强，企业应主动让顾客参与到产品和服务创造过程中来，实现价值共创。数字世界，社交媒体和虚拟社群是新的互动方式和价值共创平台的新范式，企业与顾客、顾客与顾客之间通过线上、线下的关系互动、资源互动来共创价值。例如，小米通过供需双方形成社群平台，让社群成为企业的异质性资源，替代技术研发作为企业的主要隔绝机制，并实现连接红利的模式群。数字化时代，顾客不再只是被动接受、单纯的价值消耗者，可通过参与企业的生产过程与企业各方建立互动关系，并将其拥有的知识资源、能力、经验等应用于产品或服务的实际使用过程，为自己创造使用价值，成为价值的主创者或共同创造者。这完全与工业经济时代的规模逻辑不同，不再是标准化和流水线生产下，品种越少越好的规模经济，取而代之的是大规模个性化定制的产品和服务，并且企业与顾客在个性化定制的产品生产过程中实现了价值共创。

（2）数据已成为继劳动力、资本和土地之后又一新的关键生产要素，企业需要搭建数字化平台，将其关键业务进行数据化管理，真正实现精细化和精准化。

随着数字化技术的飞速发展，数据每年以50%的速度飞速增长，如今数据已渗透到方方面面，人类生产生活95%以上的信息都是以数字格式存储、传输和使用的，数据已成为社会各领域发展的基础性且非常关键的战略资源（中国信通院，2018）。与劳动力、土地、资本等生产要素相比，数据具有可以极低的成本无限复制且可跨时空共享等特点，打破了资本、土地、劳动力等传统要素只能通过具有 VRIN 特征的资源带来持续竞争优势，以及供给上量的有限形成对经济增长的制约，因此由网络存储的数据、由数据萃取的信息、由信息升华的知识，带来了新的价值增值。企业想要在合适的时间、合适的地点，将合适的产品以合适的方式提供给合适的人，从而不断满足客户个性化需求，建立稳定的忠实顾客群，这就需要后台的活数据来支撑。一旦完成了基础的数据集成和数据管理，就可获得各种有意义的洞察，使多种业务创新变得可能，同时也可重塑它们的商业模式和客户体验。正如蓝色光标的关键业务已经实现了由数据和算法的驱动，其数字科技业务营收占总营业收入的比例已接近 90%，每天通过机器自动产生的营收就达到约 200 万元的规模，其撰稿机器人“妙笔”改编适合不同媒体平台风格的数千篇稿件仅需 1 秒钟。

（3）数字化时代，网状实时协同的数字化价值网，已经开始冲击线性供应链，关键合作网络化成为了必然趋势。

与工业经济时代不同，数字经济下的价值创造更加强调网络关系、互补性资产以及协同效应。例如，云、区块链、AI 等颠覆性的数字技术，不仅有助于促进有效的内部流程、创新、品牌增长和盈利能力，还使传统的线性、静态的供应链转向动态的数字化供应网络。这就需要企业主动培育数字化服务能力，同时改变组织构建方式，从稳固的组织边界进化为跨组织的合作。数字化创新的核心目的是更加精准即时地满足顾客多样化需求，这就要求企业打破组织边界，与用户、供应商等利益相关者建立"在线"连接，实时互动，形成跨组织的合作关系，用需求和场景去连接，从而更有效率地实现价值创造。正如海尔搭建的开放式创新 HOPE 平台，会聚了来自全球的 2 万多名跨领域专家、创新者的创新合伙人社群，将用户、企业和资源纳入同一交互生态圈，通过社群内不同角色人群的有效协作，零距离交互，持续地产出跨界及颠覆性创新成果。又如，天虹商场打造了贯通上下游和合作伙伴的数字化合作平台，供应链的各个节点之间可以通过数字化技术实现互联互通，通过对场景数据的积累和解读，能够实现"知人、知货、知场"，从而使得供应链的各个环节能够围绕消费者需求进行更加高效、精准、个性化的运营，在提升整体效率的同时更好地满足消费者需求。这些做法都可以为其他企业的实践提供一定的借鉴意义。

七、本章小结

作为探索式混合研究法的量化研究阶段，本章重点是对质性研究阶段所得出的有关商业模式数字化路径与价值创造间关系的命题假设进行实证检验。

第一，质性研究阶段的发现指引量化调查工具中测量变量的发展（3 个解释变量和 9 个测量变量），以及指示量化研究阶段的待答问题与资料收集。采用文本挖掘、案例研究法和基本统计分析的思维和方法，收集了"互联网+"

板块上 259 家上市企业 2012~2018 年的相关数据。另外，采用李克特 5 级评分形式，团队成员反复讨论确定统一的给分标准，对收集到的所有样本数据进行打分，最终形成实证检验所需的大样本数据。

第二，从财务绩效、运营绩效和成长绩效三个方面来度量被解释变量（企业价值）。具体而言，借助软件 SPSS20.0 对国泰安数据库中的相应样本数据进行因子分析，提取出 3 个测量变量：运营能力、盈利能力和发展能力。同时，将各测量变量值与所在行业平均值进行对比，用李克特 5 级评分形式转化为 1~5 的分值。另外，考虑到研究的现实意义、数据的可获得性及多重共线性问题等因素，引入研发投入、企业规模、企业年龄、资产负债率 4 个控制变量以更好地观察解释变量与被解释变量之间的关系。

第三，建立了商业模式数字化路径与企业价值间的二次曲线模型和一次线性模型。如果二次模型成立，则不考虑一次模型，如果二次模型不成立，则进一步考虑一次模型，基于此选取最为合适的模型，作为最终的实证模型。同时，借助 Stata16.0 对建立的数据模型进行了评估和检验，研究发现：用户数字化与运营能力和发展能力均呈显著的正相关关系，但关键业务数据化在用户数字化与运营能力的关系间起着显著的负向调节作用，即存在替代效应；关键业务数据化与运营能力间呈显著的 U 形关系，阈值为 3.91；关键合作网络化与运营能力呈显著的 U 形关系，阈值为 1.39，但同样受到关键业务数据化显著的负向调节；用户数字化、关键业务数据化和关键合作网络化与盈利能力间既不存在显著的 U 形关系，也不存在显著的线性关系。

最后，演绎管理启示，以期为企业的实践提供一定的参考。

第五章　结论与展望

一、研究结论

本书通过探索式混合研究法，深入探讨了商业模式数字化的具体路径是什么、各路径创造价值的作用机理是什么以及与价值创造间存在怎样的关系。具体来说，在质性研究阶段，通过多案例研究的方式，归纳出商业模式数字化的具体路径，结合平台理论和价值共创等理论基础，剖析了各路径创造价值的作用机理，并得出命题假设。在量化研究阶段，根据质性研究的发现，发展了测量变量的指标体系，构建了商业模式数字化路径与企业价值创造间的计量分析模型，并以“互联网+”板块上259家上市企业2012~2018年的样本数据为基础，对关系模型进行了评估和检验。本书得出了一些有意义的研究发现，归纳如下：

第一，商业模式数字化存在三条具体路径：用户数字化、关键业务数据化和关键合作网络化。其中，用户数字化是商业模式数字化的切入点，体现在个性化定制、网络精准营销和产品生命周期服务三个方面；关键业务数据化是商业模式数字化的关键要素，包括数据管理、业务数据驱动和数据价值的深度挖掘三个维度；关键合作网络化是商业模式数字化的重要方向，包括价值网络共创、跨企业协同和企业内集成三个维度。

第二，用户数字化与运营能力和发展能力间呈显著的正相关关系；关键业务数据化在用户数字化与运营能力的关系间起着显著的负向调节作用。数字化技术使用户变得可识别，企业可基于时间、地点、生活方式、待办事项等场景元素对用户进行精准画像，再通过高性价比、高效率的精准营销、产品或服务大规模的个性化定制，真正给到用户“量体裁衣”式的体验和个性化需求的精准满足。同时，用户也可通过连接和互动参与产品全生命周期服务，缩短了企业响应顾客需求的时间，降低了顾客总成本，提高了顾客满意度，从而也增强了企业的运营能力和发展能力。另外，大样本实证研究还发现，在对运营能力的影响上，用户数字化与关键业务数据化之间存在替代效应。数字化手段使获取客户的速度空前提高，能够促进企业识别出用户潜在的未满足需求，甚至创造出新的需求，但是，随着与数字化相关的需求和虚拟资源（如数据）的种类不断增加，提高了资源的利用效率以及未满足需求与未充分利用的资源间匹配的有效性。因此，随着关键业务数据化程度不断提高，用户数字化对运营能力的正向促进作用可能就会不断减弱。

第三，关键业务数据化与运营能力间存在显著的 U 形关系，阈值为 3.91。从企业成长的 S 形曲线和能力积累、训练和熟能生巧的角度看，对运营能力这条隐性曲线而言，的确会呈现出 U 形特征。即在临界值 3.91 的左边，随着关键业务数据化的程度不断增强，运营能力反而呈现不断下降的趋势，因为业务数据化的前期也会有一个试错的过程。随着运营能力的不断积累、不断成熟，数据积累越来越多以后，反过来会改进运营的决策，使其变得越来越精准，从而进一步提高运营能力和运营效率，因此，在临界值 3.91 的右边，就会开始呈现出上升趋势。

第四，关键合作网络化与运营能力间存在显著的 U 形关系，阈值为 1.39；关键业务数据化在关键合作网络化与运营能力的关系间起着显著的负向调节作用。核心企业处理不同联盟伙伴之间知识资源流动的能力是逐步积累的，并且前期协调联盟的能力会随着联盟关系数量的增加而下降。加之，价值网络中直接的关系或间接的关系既可以产生协同，又可能发生冲突，新加入网络的不同利益主体间会经历磨合期，同时协调成本会增加。因此，这就导致前期运营效率低下，进入稳定期后，才能正向促进运营绩效。另外，大样本实证研究还发现，在对运营能力的影响上，关键业务数据化与关键合作网络化之间存在替代效应。可能的原因是：关键合作网络化使企业更容易扩展资源获取和利用的范围，同时信息的扩散和透明度的提高，降低了资源获取的交易成本，从而有助于以新颖的数字化资源配置来创造价值，但是，关键业务数据化也可以使企业拥有的未充分利用的资源有效地商业化，提高资源的利用率和周转率，同时生成的新资源（如数据）也有助于企业识别出潜在的新的未满足的需求，又进一步增强了企业的价值创造。

第五，商业模式数字化各路径与盈利能力间既不存在显著的 U 形关系，也不存在显著的线性关系。本书得出了与现有研究相反的结论，一方面，可能是研究基于的特定情境和选取的样本有所不同，以致得出了不同的结论。另一方面，企业商业模式数字化并非一日之功，转型过程中面临失败的风险很大，并不一定能正向促进企业的盈利能力。因此，现实中商业模式数字化对企业盈利能力的影响可能比本书所假定的关系更为复杂。

二、理论贡献

本书的理论贡献具体体现在以下三个方面：

第一，以商业模式核心构成模块为基础，通过多案例定性研究与扎根分析相结合的方式，归纳出了商业模式数字化的三条具体路径，打开了商业模式如何数字化的黑箱。目前有关商业模式如何数字化的研究较为缺乏，已有的研究也较碎片化，仅有少量文献探讨了商业模式某一个构成要素的数字化。但是，商业模式作为一种系统架构，不能仅从单一视角来孤立地分析（李文等，2020），需要系统地构建整合的理论框架来描述商业模式数字化的具体路径。因此，本书立足于商业模式创新视角，以商业模式核心构成模块为基础，通过对数字化领军企业的典型多案例研究，系统地归纳出商业模式数字化的三条具体路径：用户数字化、关键业务数据化和关键合作网络化，回答了商业模式如何数字化的问题，丰富了商业模式创新理论。

第二，构建了商业模式数字化路径与价值创造间的关系框架模型，采用理论和实践相结合的方式，剖析了商业模式数字化各路径创造价值的内在机理，深化和补充了商业模式创新中价值创造主导逻辑的理论知识。数字化情境下出现的新的商业现象，与工业化时代企业所遵循的底层的商业逻辑有所不同，因此，不同于以往文献以企业资源观、价值链理论、战略网络理论等为基础，需要寻找新的理论基础来对新现象加以解释。鉴于此，通过引入价值共创和平台理论等新的理论基础，结合案例企业具体实践，剖析了商业模式数字化路径与价值创造关系间的新规律，一方面丰富了价值共创等理论在传统企业数字化转型情境下的适用性，另一方面阐明了商业模式数字化路径对价值创造产生影响的作用机理，深化和补充了商业模式创新中价值创造的主导逻辑的理论知识。

第三，基于中国传统企业数字化转型的特定情境，通过大样本定量研究实证检验了商业模式数字化路径与价值创造间的具体关系，得出的结论有效地揭示了商业模式数字化的功效。梳理现有研究发现，商业模式数字化与价值创造间的关系并没有统一的定论，并且已有文献较多采用描述性概念框架和单案例研究法，因此需要更多的实证研究来对二者间的关系做出进一步检验。为了回应这一呼吁，本书在中国传统企业数字化转型特定情境下，以“互联网+”板块上的 259 家上市公司 2012~2018 年的数据为样本，采用前向逐步回归分析法对商业模式数字化路径与价值创造间的关系模型加以估计和检验，得出的结论深化了对二者关系的认识，也有效地揭示了商业模式数字化的功效或价值创造的源泉。

三、研究不足及展望

本书的研究不足及展望主要体现在以下几方面：

第一，研究方法上，采用了探索式混合研究法，即定性研究与量化研究相结合的方式。在定性研究阶段，通过多案例研究和扎根分析，归纳出商业模式数字化的具体路径。众所周知，案例研究法本身存在普适性不足的问题，为了尽量弥补这一缺陷，一方面，选取了多个行业的多个典型企业作为案例研究对象，另一方面也进行了大样本的实证检验，但是无法穷尽所有行业的所有样本，而且不同行业仍存在一定差异，所以研究结论的普适性仍不完全。另外，案例研究过程中，为保证研究的信度和效度，采用了三角测量法，也尽可能多地使用了不同的方式收集数据，但研究者的主观判断等问题仍然无法避免，所以研究结论同样可能存在一定程度的偏差。

第二，量化研究阶段，虽选取了259家上市企业作为研究样本，进行了实证研究，但考虑到研究对象具有一定的典型性，不同企业所处地域分散，实地走访工作量大、成本高，问卷调查主观性强等问题，本书采用的是文本挖掘的方法，仍然难以避免研究过程中研究者的主观判断等干扰因素。另外，由于所收集到的有的行业的样本数据相对较少，如新闻出版业、房地产业、金融业、保险业、畜牧业等行业内有的企业样本不足30家，因此无法对不同行业进行异质性分析，未来的研究可在此基础上增加样本容量，并通过企业实地走访、人物访谈等多种方式收集数据，进一步检验商业模式数字化与价值创造之间的关系。

第三，研究内容上，商业模式数字化是否还有其他的路径？商业模式进行价值创造是否还有其他的价值动因或新的价值创造源泉？在用户数字化和关键合作网络化对企业运营能力的影响作用中，关键业务数据化起到了负向调节作用，背后具体的作用机理是什么？商业模式数字化对价值创造的影响中，是否存在其他的调节变量或中介变量，如战略导向和创业导向？数字化商业模式具有哪些属性特征，以及如何对企业绩效产生影响？在新的研究情境下，如数字化的新创企业，数字化商业模式的形成机理和创新路径是否会有所不同？在解释数字化时代的商业模式数字化这一新的商业现象上，是否还存在其他新的理论基础？诸如物联网（IoT）、云计算、人工智能（AI）和区块链等单一技术是如何在商业模式创新过程中起作用的？除技术动因外，驱动商业模式数字化创新的因素还有哪些？等等。这些问题均有待进一步深化和拓展。

参考文献

埃森哲．创新驱动，高质发展——中国企业数字转型指数［R］．2018.

埃森哲．发现新动能：中国制造业如何制胜数字经济［R］．2017.

阿里研究院．数字经济系列报告之一：数字经济 2.0［R］．2017.

陈冬梅等．数字化与战略管理理论——回顾、挑战与展望［J］．管理世界，2020（5）：220-235.

陈国青等．大数据环境下的决策范式转变与使能创新［J］．管理世界，2020（2）：95-211.

陈剑等．从赋能到使能——数字化环境下的企业运营管理［J］．管理世界，2020（2）：117-128.

陈久美，刘志迎．基于产品生命周期的二元创新与商业模式动态匹配——多案例比较研究［J］．管理案例研究与评论，2018，11（6）：592-611.

陈武，李燕萍．众创空间平台组织模式研究［J］．科学学研究，2018，36（4）：593-600.

程立茹．互联网经济下企业价值网络创新研究［J］．中国工业经济，2013（9）：82-94.

程卫超．平台商业模式研究现状及综述［J］．经济论坛，2015（3）：126-128.

陈应龙．双边市场中平台企业的商业模式研究［D］．武汉大学博士学位论文，2014.

戴勇．基于服务主导逻辑的 PBC 模式价值创新机理研究［J］．科研管理，2014，35（7）：67-74.

杜兰英，钱玲．基于价值共创的商业模式创新研究［J］．科技进步与对策，2014，31（23）：14-16.

董晓舟，晁钢令．多渠道零售企业 O2O 战略的协同效应研究——基于顾客 RFM 面板数据的实证分析［J］．外国经济与管理，2018，40（8）：71-86.

董大海，杨毅．网络环境下消费者感知价值的理论剖析［J］．管理学报，2008（6）：856-861.

董文君．基于数字化创新的价值网对企业价值创造能力的影响研究［D］．兰州财经大学硕士学位论文，2019.

樊辉等．商业模式创新研究演化过程、热点与主题探析——CSSCI（2000—2016）文献计量分析［J］．科技管理研究，2018（11）：202-210.

杨俊，薛鸿博，牛梦茜．基于双重属性的商业模式构念化与研究框架建议［J］．外国经济与管理，2018（4）：96-109.

冯华，陈亚琦．平台商业模式创新研究——基于互联网环境下的时空契合分析［J］．中国工业经济，2016（3）：99-108.

冯长利，刘洪涛．网络视角下制造企业服务转型的价值共创模型——基于陕鼓的案例研究［J］．管理案例研究与评论，2016，9（5）：472-484.

高嘉勇，董中发．基于六要素模型的新零售商业模式研究——以盒马鲜生为例［J］．电子商务，2019（10）：20-21+34.

郭海，韩佳平．数字化情境下开放式创新对新创企业成长的影响：商业模式创新的中介作用［J］．管理评论，2019，31（6）：186-198.

郭笑春，胡毅．数字货币时代的商业模式讨论——基于双案例的比较研究［J］．管理评论，2019，32（1）：324-336.

郭朝阳，许杭军，郭惠玲．服务主导逻辑演进轨迹追踪与研究述评［J］．外国经济与管理，2012，34（7）：17-24.

耿童童．基于价值网的共享型商业模式研究［D］．西安电子科技大学硕士学位论文，2017.

郭鑫鑫，王海燕．大数据背景下基于数据众包的健康数据共享平台商业模式构建［J］．管理评论，2019，31（7）：56-64.

葛明磊，张丽华，黄秋风．产业互联网背景下多重制度逻辑与组织双元性研究——以苏宁 O2O 变革过程为例［J］．管理评论，2018，30（2）：242-255.

龚丽敏，江诗松．平台型商业生态系统战略管理研究前沿：视角和对象［J］．外国经济与管理，2016，38（6）：38-45.

胡望斌等．二手电商平台商业模式演变机理——基于价值创造逻辑的单案例研究［J］．管理评论，2019，31（7）：86-96.

胡健峰．平台型商业模式的价值创造仿真研究［D］．吉林大学硕士学位论文，2019.

金玉然，戢守峰，于江楠．商业模式创新的研究热点及其演化可视化分析［J］．科研管理，2018（7）：50-58.

简兆权，曾经莲．基于价值共创的“互联网+制造”商业模式及其创新［J］．企业经济，2018（8）：70-77.

江积海．商业模式创新中“逢场作戏”能创造价值吗？——场景价值的理论渊源及创造机理［J］．研究与发展管理，2019，31（6）：1-16.

江积海，廖芮．商业模式创新中场景价值共创动因及作用机理研究［J］．科技进步与对策，2017，34（8）：20-28.

简兆权，令狐克睿，李雷．价值共创研究的演进与展望——从“顾客体验”到“服务生态系统”视角［J］．外国经济与管理，2016，38（9）：3-15.

简兆权，肖霄．网络环境下的服务创新与价值共创：携程案例研究［J］．

管理工程学报，2015，29（1）：20-29.

江积海，李琴．平台型商业模式创新中连接属性影响价值共创的内在机理——Airbnb 的案例研究［J］．管理评论，2016，28（7）：252-257.

康宇航，高昕．价值链重构视角的互联网家装企业商业模式创新分析——家装 e 站与齐家网案例研究［J］．管理案例研究与评论，2018（4）：368-379.

康遥等．服务化战略与服务绩效——价值共创调节效应［J］．软科学，2016，30（3）：103-107.

雷羽尚，杨海龙．打赏商业模式的动态互动机制研究——基于面板 VAR 模型［J］．管理评论，2019，31（9）：169-183.

李稚，谭德庆．基于连续时间模型的网络视频商业模式选择研究［J］．管理评论，2020，32（1）：211-218.

李文等．消费升级背景下大数据能力对商业模式创新的影响机理——基于小米和网易严选的案例研究［J］．管理案例研究与评论，2020，13（1）：102-117.

李靖华，林莉，李倩岚．制造业服务化商业模式创新：基于资源基础观［J］．科研管理，2019（3）：74-83.

李曜嫄．互联网时代知识社群经济商业模式研究——以“罗辑思维”为例［J］．经营与管理，2019（3）：49-56.

刘意等．数据驱动的产品研发转型：组织惯例适应性变革视角的案例研究［J］．管理世界，2020（3）：220-183.

刘业政等．大数据的价值发现：4C 模型［J］．管理世界，2020（2）：129-138.

柳卸林等．数字创新时代：中国的机遇与挑战［J］．科学学与科学技术管理，2020，41（6）：3-15.

路畅等．正式/非正式合作网络对中小企业创新绩效的影响研究［J］．研究与发展管理，2019，31（6）：24-36.

梁杰和谢恩．研发联盟多伙伴关系断层对企业创新绩效的影响研究［J］．软科学，2020，34（4）：26-30.

吕文晶，陈劲，刘进．智能制造与全球价值链升级——海尔 COSMOPlat 案例研究［J］．科研管理，2019（4）：145-156.

李洋，邓迪．海尔：用户驱动的互联网转型［J］．清华管理评论，2017（4）：92-104.

李苏秀等．战略性新兴产业商业模式创新的系统理论框架［J］．科学学研究，2018（6）：1110-1118.

李巍，董江原，杨雪程．平台型企业商业模式创新的路径及实现机制——基于秒银科技的案例研究［J］．管理案例研究与评论，2018（4）：333-348.

罗兴武等．中国转型经济情境下的商业模式创新：主题设计与量表开发［J］．外国经济与管理，2018（1）：33-49.

刘绍荣，夏宁敏．产业赋能平台：智能时代的商业模式变革——以贝壳与58 同城的平台攻防战为例［J］．清华管理评论，2019（1）：124-134.

刘曦子．大数据能力影响互联网金融平台企业竞争优势机理研究［D］．对外经济贸易大学博士学位论文，2017.

刘彬．“互联网+”商业模式创新的影响因素及机理研究［D］．西安理工大学硕士学位论文，2017.

刘建花．基于无标度网络的价值网竞争优势的影响因素及治理机制研究［D］．重庆大学硕士学位论文，2012.

李晨星．“互联网+”商业模式及其选择研究［D］．西安理工大学硕士学位论文，2017.

李真．海尔集团的平台化战略转型研究［D］．山东大学硕士学位论文，2017.

雷海美．供应链视角下青岛海尔营运资金管理绩效研究［D］．浙江工商大学硕士学位论文，2017.

李甜洁．苏宁战略转型研究［D］．华东交通大学硕士学位论文，2016.

李雷，简兆权，张鲁艳．服务主导逻辑产生原因、核心观点探析与未来研究展望［J］．外国经济与管理，2013，35（4）：2-12.

李琴．基于“价值网+”的平台商业模式价值共创动因及作用机理研究［D］．重庆大学硕士学位论文，2017.

令狐克睿，简兆权．制造业服务化价值共创模式研究——基于服务生态系统视角［J］．华东经济管理，2017，31（6）：84-92.

李朝辉，金永生．价值共创研究综述与展望［J］．北京邮电大学学报（社会科学版），2013，15（1）：91-96.

李耀，王新新．价值的共同创造与单独创造及顾客主导逻辑下的价值创造研究评介［J］．外国经济与管理，2011，33（9）：43-50.

刘飞，简兆权．网络环境下基于服务主导逻辑的服务创新：一个理论模型［J］．科学学与科学技术管理，2014，35（2）：104-113.

刘林青，雷昊，谭力文．从商品主导逻辑到服务主导逻辑——以苹果公司为例［J］．中国工业经济，2010（9）：57-66.

刘丽娜．基于价值网的 AJ 公司商业模式改进策略［D］．华南理工大学硕士学位论文，2018.

廖芮．场景型商业模式的价值动因与价值共创的作用机理研究［D］．重庆大学硕士学位论文，2018.

刘向东，陈成漳．互联网时代的企业价值网构建——基于某网络公司的案例分析［J］．经济管理，2016（9）：47-59.

刘洋，谢丽．平台研究：知识图谱和理论框架［J］．科学学与科学技术管理，2017，38（11）：31-46.

刘洋．转型经济背景下后发企业启发式规则、研发网络边界拓展与创新追赶［D］．浙江大学博士学位论文，2014.

罗珉，李亮宇．互联网时代的商业模式创新：价值创造视角［J］．中国工业经济，2015，1（57）：95-107.

何地．企业创新生态系统战略对竞争优势的影响研究［D］．辽宁大学博士论文，2018.

马双，王永贵，赵宏文．组织顾客参与的双刃剑效果及治理机制研究——基于服务主导逻辑和交易成本理论的实证分析［J］．外国经济与管理，2015，37（7）：19-31.

牛振邦等．浅层互动能否激发顾客价值共创意愿——基于品牌体验和价值主张契合的混合效应模型［J］．科学学与科学技术管理，2015，36（11）：112-123.

欧晓华．基于价值网络重构的移动互联网企业商业模式创新研究［D］．西北大学博士学位论文，2015.

潘建林．新零售理论文献综述：兼论四构面商业模式［J］．商业经济研究，2019（5）：9-11.

卜庆娟．顾客在价值共创互动过程中的行为及其结果研究［D］．北京邮电大学博士学位论文，2017.

卜庆娟，金永生，李朝辉．互动一定创造价值吗［J］．外国经济与管理，2016，38（9）：21-37.

彭本红，鲁倩．平台型企业开放式服务创新的风险成因及作用机制［J］．科学学研究，2018，36（1）：183-192.

齐严，司亚静，吴利红．数字技术革命背景下零售业商业模式创新研究［J］．管理世界，2017（12）：182-183.

任姣．基于扎根理论的大数据时代商业模式创新研究［D］．青岛大学硕士学位论文，2017.

尚子琦．从瑞幸咖啡与星巴克大战看网络“新零售”时代下的商业模式［J］．现代管理科学，2019（3）：75-77.

施德俊．式与能：数字化转型升级的战略五阶段［J］．清华管理评论，2019（Z1）：104-115.

沈超红，黄爽．基于“合约相关者剩余”的商业模式研究［J］．管理学报，2019，16（2）：210-218.

单丽雪．“互联网+”商业模式创新法律规制机制研究［J］．中国软科学，2018（4）：183-192.

孙永波，丁沂昕，王勇．价值共创互动行为对品牌权益的作用研究［J］．外国经济与管理，2018，40（4）：125-139.

孙璐，李力，陶福平．信息交互能力、价值共创与竞争优势——小米公司案例研究［J］．研究与发展管理，2016，28（6）：101-113.

孙耀吾，翟翌，顾荃．服务主导逻辑下移动互联网创新网络主体耦合共轭与价值创造研究［J］．中国工业经济，2013（10）：147-159.

孙军，高彦彦．网络效应下的平台竞争及其后果分析［J］．管理世界，2016（5）：182-183.

孙守恒．基于价值网的汽车共享平台动态演进研究［D］．北京科技大学博士学位论文，2019.

田庆锋等．军民融合企业商业模式创新路径研究——基于扎根理论的研究［J］．软科学，2019，33（2）：81-85.

吴东，杨洋，朱培忠．互补资产专用性、关系治理与商业模式设计［J］．科研管理，2019（3）：104-113.

王玲玲，赵文红，魏泽龙．因果逻辑和效果逻辑对新企业新颖型商业模式设计的影响：环境不确定性的调节作用［J］．管理评论，2019，31（1）：90-100.

王雪冬等．CSV 视阈下的价值链重构路径研究——基于招商局集团 PPC 商业模式的案例研究［J］．管理评论，2019，31（1）：293-304.

王宗水等．制造业服务化与商业模式创新策略选择［J］．科学学研究，

2018（7）：1188–1195.

王雪冬，田明昊，匡海波．初创企业商业模式预评价指标体系构建研究［J］．科研管理，2018（9）：159–168.

王娜．基于互联网的平台型企业商业模式创新研究述评［J］．科技进步与对策，2016，33（22）：156–160.

王琳，魏江，郑长娟．服务主导逻辑下顾企交互创新内涵与运行机制研究［J］．科技进步与对策，2015，32（14）：70–75.

王发明，朱美娟．创新生态系统价值共创行为影响因素分析——基于计划行为理论［J］．科学学研究，2018，36（2）：370–377.

武柏宇，彭本红．服务主导逻辑、网络嵌入与网络平台的价值共创——动态能力的中介作用［J］．研究与发展管理，2018，30（1）：138–150.

武柏宇，彭本红．跨界搜索、动态能力与开放式服务创新绩效［J］．中国科技论坛，2018（1）：1–8.

武文珍，陈启杰．基于共创价值视角的顾客参与行为对其满意和行为意向的影响［J］．管理评论，2017，29（9）：167–180.

吴瑶等．从价值提供到价值共创的营销转型——企业与消费者协同演化视角的双案例研究［J］．管理世界，2017（4）：138–157.

吴松强等．联盟间伙伴关系对联盟绩效的影响研究［J］．科学学研究，2018，36（12）：2242–2249.

万骁乐等．共创视角下考虑开放式创新的供应链价值创造研究［J］．中国管理科学，2017，25（7）：57–66.

万文海，王新新．共创价值的两种范式及消费领域共创价值研究前沿述评［J］．经济管理，2013，35（1）：186–199.

武文珍，陈启杰．价值共创理论形成路径探析与未来研究展望［J］．外国经济与管理，2012，34（6）：66–73.

魏江等．合法性视角下平台网络知识资产治理［J］．科学学研究，2019，

37（5）：856-865.

王海杰，宋姗姗．互联网背景下制造业平台型企业商业模式创新研究——基于企业价值生态系统构建的视角［J］．管理学季刊，2019，32（1）：43-54.

王浩伦，侯亮，王其亮．产品平台演化过程及影响因素分析［J］．科技进步与对策，2011，28（7）：1-4.

王凤彬，王骁鹏，张驰．超模块平台组织结构与客制化创业支持——基于海尔向平台组织转型的嵌入式案例研究［J］．管理世界，2019，2（35）：121-150+199-200.

王潇．杜建刚与白长虹，从“产品主导逻辑”到“顾客参与的价值共创”——看西方服务范式四十年来的理论演进［J］．商业经济与管理，2014，（11）：41-49.

魏炜，朱武祥．《发现商业模式》［M］．北京：机械工业出版社，2009.

夏清华，冯颐．传统零售企业线上线下双重商业模式创新的冲突与协同——以苏宁云商为例［J］．经济与管理，2016，30（1）：64-70.

谢康等．大数据成为现实生产要素的企业实现机制：产品创新视角［J］．中国工业经济，2020（5）：42-60.

解学梅，王丽君．用户参与对企业新产品开发绩效的影响机理：基于在线社区视角［J］．南开管理评论，2019，22（3）：91-102.

肖静华等．消费者数据化参与的研发创新——企业与消费者协同演化视角的双案例研究［J］．管理世界，2020（8）：154-192.

谢卫红等．高管支持、大数据能力与商业模式创新［J］．研究与发展管理，2018（4）：152-162.

肖红军，李平．平台型企业社会责任的生态化治理［J］．管理世界，2019，35（4）：120-144.

徐欣慧．平台型企业商业模式构成要素对绩效影响的仿真研究［D］．吉林大学硕士学位论文，2019.

杨特，赵文红，李颖．创业者经验宽度、深度对商业模式创新的影响：创业警觉的调节作用［J］．科学学与科学技术管理，2018（7）：88-104.

岳云嵩，李兵．电子商务平台应用与中国制造业企业出口绩效——基于“阿里巴巴”大数据的经验研究［J］．中国工业经济，2018（8）：97-115.

喻登科，严影．技术创新与商业模式创新相互作用关系及对企业竞争优势的交互效应［J］．科技进步与对策，2019，36（11）：16-24.

严国莉，王保林．基于商业生态系统的融合型商业模式创新研究——以欧冶云商为例［J］．科技管理研究，2018（7）：215-224.

应瑛，刘洋，魏江．开放式创新网络中的价值独占机制：打开“开放性”和“与狼共舞”悖论［J］．管理世界，2018，34（2）：144-160.

易加斌，王宇婷．组织能力、顾客价值认知与价值共创关系实证研究［J］．科研管理，2017，38（S1）：259-266.

杨学成，涂科．出行共享中的用户价值共创机理——基于优步的案例研究［J］．管理世界，2017（8）：154-169.

杨学成，陶晓波．社会化商务背景下的价值共创研究——柔性价值网的视角［J］．管理世界，2015，263（8）：170-171.

杨学成，徐秀秀，陶晓波．基于体验营销的价值共创机理研究——以汽车行业为例［J］．管理评论，2016，28（5）：232-240.

杨学成，涂科．共享经济背景下的动态价值共创研究——以出行平台为例［J］．管理评论，2016，28（12）：258-267.

杨善林，周开乐，张强．互联网的资源观［J］．管理科学学报，2016，19（1）：1-11.

于鲲鹏，刘爱军，苏加福．基于 UWNC 的互联网经济时代企业价值网络稳定性研究［J］．科学学与科学技术管理，2017，38（9）：80-90.

杨德明，刘泳文．“互联网+”为什么加出了业绩［J］．中国工业经济，

2018（5）：80-98.

杨学成，陶晓波．社会化商务背景下的价值共创研究——柔性价值网的视角［J］．管理世界，2015（8）：170-171.

杨学成，陶晓波．从实体价值链、价值矩阵到柔性价值网——以小米公司的社会化价值共创为例［J］．管理评论，2015，27（7）：232-240.

约翰·W. 克雷斯维尔．混合方法研究导论［M］．北京：格致出版社，2015.

张晓娅．海底捞商业模式创新研究［D］．安徽财经大学硕士学位论文，2018.

张骁，吴琴，余欣．互联网时代企业跨界颠覆式创新的逻辑［J］．中国工业经济，2019（3）：156-174.

张婉露．互联网平台企业商业模式创新影响因素研究——基于滴滴出行的案例分析［J］．价值工程，2019，38（6）：38-41.

张敬伟等．新企业商业模式形成过程中认知与行动的互动：一项跨案例研究［J］．外国经济与管理，2019，41（2）：44-57.

赵建波．数字经济的崛起与规范［J］．清华管理评论，2019（Z1）：88-92.

周飞，沙振权，孙锐．市场导向、资源拼凑与商业模式创新的关系研究［J］．科研管理，2019，40（1）：113-120.

曾经莲，简兆权．制造企业商业模式演进及其创新启示［J］．科学管理研究，2018，36（3）：60-63.

曾鸣．智能商业［M］．北京：中信出版社，2018.

张春雨，郭韬，刘洪德．网络嵌入对技术创业企业商业模式创新的影响［J］．科学学研究，2018（1）：167-175.

张梦琦．大数据背景下基于商业生态系统视角的商业模式创新研究［D］．浙江大学硕士学位论文，2017.

钟振东，唐守廉，Vialle P. 基于服务主导逻辑的价值共创研究［J］. 软科学，2014，28（1）：31-35.

周文辉，周依芳，任胜钢. 互联网环境下的创业决策、价值共创与创业绩效［J］. 管理学报，2017，14（8）：1105-1113.

朱良杰，何佳讯，黄海洋. 数字世界的价值共创：构念、主题与研究展望［J］. 经济管理，2017，39（1）：195-208.

张薇. 基于用户自生成内容的社会化商务价值共创研究［D］. 南昌大学博士学位论文，2016.

周文辉，金可可. 关系嵌入、价值共创与瓶颈突破——基于3家企业的案例研究［J］. 财务与金融，2016（5）：66-71.

周文辉，林华，陈晓红. 价值共创视角下的创新瓶颈突破案例研究［J］. 管理学报，2016，13（6）：863-870.

周文辉，王鹏程，陈晓红. 价值共创视角下的互联网+大规模定制演化——基于尚品宅配的纵向案例研究［J］. 管理案例研究与评论，2016，9（4）：313-329.

张璟. 基于B2B背景的价值共创研究：动因、过程与结果［D］. 对外经济贸易大学博士学位论文，2016.

周文辉. 知识服务、价值共创与创新绩效——基于扎根理论的多案例研究［J］. 科学学研究，2015，33（4）：567-573.

周文辉，曹裕，周依芳. 共识、共生与共赢：价值共创的过程模型［J］. 科研管理，2015，36（8）：129-135.

周文辉等. 电商平台与双边市场价值共创对网络效应的作用机制——基于淘宝网案例分析［J］. 软科学，2015，29（4）：83-89.

张婧，何勇. 服务主导逻辑导向与资源互动对价值共创的影响研究［J］. 科研管理，2014，35（1）：115-122.

朱翊敏，于洪彦. 顾客融入行为与共创价值研究述评［J］. 管理评论，

2014，26（5）：111-119.

赵帅等．平台型企业的商业模式创新及其内在机理——以斗南花卉产业集团为例［J］．管理案例研究与评论，2019，12（2）：192-209.

朱良杰，何佳讯，黄海洋．互联网平台形成的演化机制——基于韩都衣舍的案例研究［J］．管理案例研究与评论，2018，11（2）：163-180.

赵振．“互联网+”下制造企业服务化悖论的平台化解决思路［J］．科技进步与对策，2016，33（6）：76-83.

张一进．平台生态系统价值创造研究［D］．东北财经大学博士学位论文，2018.

张一进，张金松．互联网行业平台企业发展战略研究：以淘宝网平台为例［J］．华东经济管理，2016，6（30）：54-61.

张小宁．平台战略研究评述及展望［J］．经济管理，2014，36（3）：190-199.

中国信通院．G20 国家数字经济发展研究报告［R］．2018.

Amit R.，Han X. Value creation through novel resource configurations in a digitally enabled world［J］．Strategic Entrepreneurship Journal，2017，11（3）：228-242.

Amaury-Alexandre S. et al. The rise of digital business models：An analysis of the knowledge base［R］．PICMT'21 Conference Proceedings，2019.

Anat B. et al. Digitization，strategy，and the impact of firm age and size：The case of the magazine publishing industry［J］．Journal of Business Venturing，2003，18（6）：789-814.

Abolhassan F. The Drivers of Digital Transformat［M］．Switzerland，Springer International Publishing，2017.

Al-Debei M.，Avison D. Developing a unified framework of the business model concept［J］．European Journal of Information Systems，2010，19（3）：359-376.

Amit R. , Zott C. Value creation in e-business [J] . Strategic Management Journal, 2001 (22): 493-520.

Amit R. , Zott C. Creating value through business model innovation [J] . Sloan Management Review, 2012, 2 (53): 41-49.

Amit R. , Zott C. Crafting business architecture: The antecedents of business model design [J] . Strategic Entrepreneurship Journal, 2015, 9 (4): 331-350.

Aarikka-Stenroos L. and Jaakkola E. Value cocreation in knowledge intensive business services: A dyadic perspective on the joint problem-solving process [J] . Industrial Marketing Management, 2012, 41 (1): 15-26.

Allee V. Reconfiguring the value network [J] . Journal of Business Strategy, 2000, 4 (21): 36-39.

Akbar Y. , Tracogna A. The sharing economy and the future of the hotel industry: Transaction cost theory and platform economics [J] . International Journal of Hospitality Management, 2018 (71): 91-101.

Astyne M. , Parker G. , Choudary S. Pipelines, platforms, and the new rules of strategy [J] . Harvard Business Review, 2016, 4 (94): 56-62.

Adner R. , Kapoor R. Value creation in innovation ecosystems: How the structure of technological interdependence affects firm performance in new technology generations [J] . Strategic Management Journal, 2010, 3 (31): 306-333.

Boyeun L. , et al. Digital innovation and design Transformations: Re-framing design and development within the context of internet of things [C] . R&D Management Conference, 2019.

Bouncken R. et al. Knowledge-and innovation-based business models for future growth: Digitalized business models and portfolio considerations [J] . Review of Managerial Science, 2019 (5), 1-14.

Baden-Fuller C. , Mangematin V. Business models: A challenging agenda

[J] . Strategic Organization, 2013, 4 (11): 390-402.

Brousseau E., Penard T. The economics of digital business models a framework for analyzing the economics of platforms [J] . Review of Network Economics, 2007, 6 (2): 81-113.

Bressanelli G., et al. The role of digital technologies to overcome circular economy challenges in PSS business models: An exploratory case study [J]. Procedia CIRP, 2018 (73): 216-221.

Bughin et al. A future that works: Automation, employment and productivity [J] . https: //apo. org. au/node/72505, 2017.

Brynjolfsson E., McElheran K. The rapid adoption of data-driven decision-making [J] . Am. Econ. Rev, 2016, 106 (5): 133-139.

Baesens B., et al. Transformational issues of big data and analytics in networked business [J] . Mis Q, 2016, 40 (4): 807-818.

Bettencourt L., Lusch R., Vargo S. A service lens on value creation: Marketing' s role in achieving strategic advantage [J] . California Management Review, 2014, 57 (1): 44-66.

Bettencourt L., Ulwick A. The Customer-centered innovation map [J]. Harvard Business Review, 2008, 86 (5): 109-115.

Caroline N., et al. Using service blueprints to explore changes in user experience and corporate investment induced by AI [C] . R&D Management Conference, 2019.

Caroline N., et al. What is the user value of AI: A taxonomy based on AI startups in France in 2019 [C] . R&D Management Conference, 2019.

Cuc J. E. Trends in business model research: A bibliometric analysis [J] . Journal of Business Models, 2019, 5 (7): 1-24.

Cozzolino A. et al. Unpacking the disruption process: New technology, business models, and incumbent adaptation [J] . Journal of Management Studies, 2018, 55

(7): 1166-1202.

Christensen C. M. et al. Disruptive innovation: An intellectual history and directions for future research [J] . Journal of Management Studies, 2016, 55 (7): 1043-1071.

Cozzolino A. , Verona G. , Rothaermel F. Unpacking the disruption process-new technology, business models, and incumbent adaptation [J] . Journal of Management Studies, 2018, 7 (56): 1166-1202.

Caridà A. Business model design and value co-creation: Looking for a new pattern [J] . Innovating in Practice, 2017 (3): 339-361.

Chandler J. , Vargo S. Contextualization and value-in-context: How context frames exchange [J] . Marketing Theory, 2011, 1 (11): 35-49.

Chesbrough H. Business model innovation: Opportunities and barriers [J] . Long Range Planning, 2010, 2-3 (43): 354-363.

Casadesus-Masanell R. , Ricart J. From strategy to business models and onto tactics [J] . Long Range Planning, 2010, 2-3 (43): 195-215.

Cao L. , Navare J. , Jin Z. Business model innovation: How the international retailers rebuild their core business logic in a new host country [J] . International Business Review, 2018, 27 (3): 543-562.

Calabrese A. , Forte G. , Ghiron N. Fostering sustainability-oriented service innovation (SOSI) through business model renewal: The SOSI tool [J] . Journal of Cleaner Production, 2018 (201): 783-791.

Cortimiglia M. , Ghezzi A. , Frank A. Business model innovation and strategy making nexus: Evidence from a cross-industry mixed-methods study [J] . R&D Management, 2016, 46 (3): 414-432.

Chen H. , Chiang R. , Storey V. Business intelligence and analytics: From big data to big impact [J] . MIS Q, 2012, 36 (4): 1165-1188.

Chandler J. , Vargo S. Contextualization and value－in－context: How context frames exchange [J] . Marketing Theory, 2011, 11 (1): 35－49.

Chou H. , Zolkiewski J. Coopetition and value creation and appropriation: The role of interdependencies, tensions and harmony [J] . Industrial Marketing Management, 2018 (70): 25－33.

Christian G. , Annika R. Service as business logic: Implications for value creation and marketing [J] . Journal of Service Management, 2011, 22 (1): 5－22.

Chandler J. , Vargo S. Contextualization: Network intersections, value－in－context, and the co－creation of markets [J] . Marketing Theory, 2011, 11 (1): 35－49.

Cusumano M. , Gawer A. The elements of platform leadership [J] . IEEE Engineering Management Review, 2003, 1 (31): 8.

Diaz L. et al. Business model innovation for resource－efficiency, circularity and cleaner production: What 143 cases tell us [J] . Ecological Economics, 2019 (155): 20－35.

Dong J. , Yang C. Business value of big data analytics: A systems－theoretic approach and empirical test [J] . Information & Management, 2018 (11): 7－17.

Dellarocas C. The digitization of word of mouth: Promise and challenges of online feedback mechanisms [J] . Management Science, 2003, 49 (10): 1407－1424.

El Sawy and Pereira F. Digital business models: Review and synthesis [M] . In Business Modelling in the Dynamic Digital Space, Springer, New York, 2013: 13－20.

Erdem T. , etal. Understanding branding in a digitally empowered world [J] . International Journal of Research in Marketing, 2016, 33 (1): 3－10.

Edelman B. How to launch your digital platform [J] . Harvard Business Review, 2015, 4 (93): 4－9.

Evans D. , Schmalensee R. Industrial organization of markets with two - sided platforms [J] . SSRN Electronic Journal, 2007, 1 (3): 151-179.

Eisenmann T. , Parker G. , Alstyne. Strategies for two - sided markets [J] . Harvard Business Review, 2006, 10 (84): 92-101.

Eisenhardt K. Building theories from case study research [J] . Academy of Management Review, 1989, 14 (4): 532-550.

Eisenhardt K. and Graebner M. Theory building from cases opportunities and challenges [J] . Academy of Management Journal, 2007 (50): 25-32.

Frank A. , et al. Servitization and Industry 4. 0 convergence in the digital transformation of product firms: A business model innovation perspective [J] . Technological Forecasting and Social Change, 2019 (141): 341-351.

Foss N. , Saebi T. Fifteen years of research on business model innovation [J] . Journal of Management, 2017, 43 (1): 200-227.

Frankenberger K. et al. The 4I - framework of business model innovation: A structured view on process phases and challenges [J] . Int J Prod Dev, 2013 (18): 249-273.

Finsterwalder J. A 360-degree view of actor engagement in service co-creation [J] . Journal of Retailing and Consumer Services, 2018 (40): 276-278.

FitzPatrick M. , Varey R. , Grönroos C. Relationality in the service logic of value creation [J] . Journal of Services Marketing, 2015, 29 (6/7): 463-471.

Frow P. , McColl-Kennedy J. , Hilton T. Value propositions-a service ecosystem perspective [J] . Marketing Theory, 2014, 14 (3): 327-351.

Fyrberg and Yngfalk A. It' s not us, it' s them! -rethinking value co-creation among multiple actors [J] . Journal of Marketing Management, 2013, 29 (9/10): 1163-1181.

Füller J. Refining virtual co-creation from a consumer perspective [J]. California Management Review, 2010, 52 (2): 98-122.

Frank A. G. et al. Servitization and Industry 4.0 convergence in the digital transformation of product firms: A business model innovation perspective [J]. Technological Forecasting and Social Change, in press. https: //doi. org/10.1016/j. techfore. 2019. 01. 014.

Galinina O., et al. Internet of things smart spaces and smart spaces, and next generation networks and systems [M]. Springer International Publishing, 2017.

Geoffrey P., Marshall V. Innovation, openness, and platform control [J]. Management Science, 2017 (Articles in Advance): 1-18.

Geoffrey P., Marshall V., Xiaoyue J. Platform ecosystems: How developers invert the firm [J]. MIS Quarterly, 2017, 41 (1): 1-23.

Geoff P., Marshall V. Innovation, openness, and platform control [J]. MIT Sloan Management, 2008.

Gregory V. Understanding digital transformation: A review and a research agenda [J]. The Journal of Strategic Information Systems, https: //doi. org/10.1016/j. jsis. 2019. 01. 003.

Geissdoerfer M., Vladimirova D., Evans S. Sustainable business model innovation: A review [J]. Journal of Cleaner Production, 2018 (198): 401-416.

Geissdoerfer M., Savaget P., Evans S. The cambridge business model innovation process [J]. Procedia Manufacturing, 2017 (8): 262-269.

Garcia-Castro R., Aguilera R. Incremental value creation and appropriation in a world with multiple stakeholders [J]. Strategic Management Journal, 2015, 36 (1): 137-147.

Grönroos C., Gummerus J. The service revolution and its marketing implications: Service logic vs service-dominant logic [J]. Managing Service Quality, 2014, 24 (3): 206-229.

Grönroos C., Voima P. Critical service logic: Making sense of value creation and co-creation [J]. Journal of the Academy of Marketing Science, 2013, 41 (2): 133-150.

Grönroos C. Conceptualising value co-creation: A journey to the 1970s and back to the future [J]. Journal of Marketing Management, 2012, 28 (13/14): 1520-1534.

Grönroos C. Value co-creation in service logic: A critical analysis [J]. Marketing Theory, 2011, 11 (3): 279-301.

Gebauer H., Johnson M., Enquist B. Value cocreation as a determinant of success in public transport services: A study of the swiss federal railway operator (SBB) [J]. Managing Service Quality, 2010, 20 (6): 511-530.

Helfata C., Raubitschekb R. Dynamic and integrative capabilities for profiting from innovation in digital platform-based ecosystems [J]. Research Policy, 2018 (47): 1391-1399.

Hanafizadeh P., et al. A systemic framework for business model design and development-part a-theorizing perspective [J]. Syst Pract Action Res, 2018 (31): 437-461.

Hsieh Y., Yenchun, Wu J. Entrepreneurship through the platform strategy in the digital era: Insights and research opportunities [J]. Computers in Human Behavior, 2018: 1-9.

Hossain M. Business model innovation: Past research, current debates, and future directions [J]. Journal of Strategy and Management, 2017, 10 (3): 342-359.

Hagiu A., Yoffie D. What's your google strategy [J]. Harvard Business Review, 2009, 4 (35): 74-81.

Huberty M. Awaiting the second big data revolution_from digital noise to value creation [J] . J Ind Compet Trade, 2015 (15): 35-47.

Hamelink M., Opdenakker R. How business model innovation affects firm performance in the energy storage market [J] . Renewable Energy, 2019 (131): 120-127.

Horvath B., et al. Investigating the current business model innovation trends in the biotechnology industry [J] . Journal of Business Economics and Management, 2019, 20 (1): 63-85.

Howell R., Beers C., Doorn N. Value capture and value creation: The role of information technology in business models for frugal innovations in Africa [J] . Technological Forecasting and Social Change, 2018 (131): 227-239.

Holsapple C., Lee-Post A., Pakath R. A unified foundation for business analytics [J] . Decis. Support Syst., 2014, 64 (1): 130-141.

Heinonen K., Strandvik T. Customer-dominant logic: Foundations and implications [J] . Journal of Services Marketing, 2015, 29 (6/7): 472-484.

Heinonen K., et al. A customer-dominant logic of service [J] . Journal of Service Management, 2010, 21 (4): 531-548.

Hanna R., Rohm A., Crittenden V. We' re all connected: The power of the social media ecosystem [J] . Business Horizons, 2011, 3 (54): 265-273.

Ivano D., Antonello G. Digital transformation in SMEs: The case of Smart District 4.0 [C] . R&D Management Conference, 2019.

Ibarra D., Ganzarain J., Igartua J. Business model innovation through industry 4.0: A review [J] . Procedia Manufacturing, 2018 (22): 4-10.

Iansiti M., Zhu F. Dynamics of platform competition: Exploring the role of installed base, platform quality and consumer expectations [J] . ICIS Proceedings, 2007 (38) .

Iansiti M., Levien R. Strategy as ecology [J] . Harvard Business Review,

2004, 3 (82): 69-78.

Jiang R., Tao Q., Santoro M. Alliance portfolio diversity and firm performance [J]. Strategic Management Journal, 2010, 10 (31): 1136-1144.

Javier Cenamor et al. How entrepreneurial SMEs compete through digital platforms: The roles of digital platform capability, network capability and ambidexterity [J]. Journal of Business Research, 2019 (100): 196-206.

Kim J. Market entry strategy for a digital platform provider [J]. Baltic Journal of Management, 2018 (13): 390-406.

Kiel D., Arnold C., Voigt K. The influence of the industrial internet of things on business models of established manufacturing companies: A business level perspective [J]. Tecnovation, 2017 (68): 4-19.

Klang D., Wallnöfer M., Hacklin F. The business model paradox a systematic review and exploration of antecedents [J]. International Journal of Management Reviews, 2014 (6): 1-25.

Kiel D., et al. Sustainable industrial value creation: Benefits and challenges of industry 4.0 [J]. Int. J. Innov. Manag, 2017 (21): 1-17.

Kiron D., Ferguson R., Prentice P. From value to vision: Reimagining the possible with data analytics [J]. MIT Sloan Manage, 2012, 54 (1): 47-52.

Kaplan A., Haenlein M. Users of the world, unite! The challenges and opportunities of social media [J]. Bus. Horiz, 2010, 53 (1): 59-68.

Kryvinska N., et al. The S-D logic phenomenon-conceptualization and systematization by reviewing the literature of a decade (2004-2013) [J]. Journal of Service Science Research, 2013, 5 (1): 35-94.

Kull A., Heath T. You decide, we donate: Strengthening consumer-brand relationships through digitally co-created social responsibility [J]. International Journal of Research in Marketing, 2016, 33 (1): 78-92.

KANE G. C. 战略，而不是技术，在推动数字化转型［R］. 麻省理工大学斯隆管理评论研究报告，2015.

Luz Martín-Peña M. et al. The digitalization and servitization of manufacturing: A review on digital business models［J］. Strateg Chang，2018（27）：91-99.

Li F. The digital transformation of business models in the creative industries-A holistic framework and emerging trends［J］. Technovation，https://doi. org/10. 1016/j. technovation.

Loon M.，Chik R. Efficiency-centered，innovation-enabling business models of high-tech SMEs：Evidence from Hong Kong［J］. Asia Pacific Journal of Management，2019，36（1）：87-111.

LaBrie R.，et al. Big data analytics sentiment：US-China reaction to data collection by business and government［J］. Technological Forecasting and Social Change，2018（130）：45-55.

Liang T.，Liu Y. Research landscape of business intelligence and big data analytics：A bibliometrics study［J］. Expert Systems with Applications，2018（111）：2-10.

LaValle S.，et al. Big data，analytics and the path from insights to value［J］. MIT Sloan Manage，2011，52（2）：21-32.

Lusch R.，Nambisan S. Service innovation：A service-dominant logic perspective［J］. MIS Quarterly，2015，39（1）：155-175.

Loebbecke C. and Picot A. Reflections on societal and business model transformation arising from digitization and big data analytics：A research agenda［J］. Journal of Strategic Information Systems，2015，24（3）：149-157.

Lusch R.，Vargo S. Service-dominant logic：Premises，perspectives，possibilities［M］. UK：Cambridge University Press，2014.

Makhmoor B.，Rajesh V. Internal factors & consequences of business model innovation [J] . Management Decision, 2019, 57 (1): 262-290.

Muninger M. , Hammedi W. , Mahr D. The value of social media for innovation: A capability perspective [J] . Journal of Business Research, 2019 (95): 116-127.

Marrella A. , et al. A design-time data-centric maturity model for assessing resilience inmulti - party business processes [J] . Information Systems, https: //doi. org/10. 1016/j. is. 11. 002.

Moktadir M. , et al. Assessing challenges for implementing industry 4. 0: Implications for process safety and environmental protection [J] . Process Safety and Environmental Protection, 2018 (117): 730-741.

Minatogawa V. , et al. Business model innovation influencing factors: An integrative literature review [J] . Brazilian Journal of Operations & Production Management, 2018, 15 (4): 610-617.

Müller J. , Däschle S. Business model innovation of industry 4. 0 solution providers towards customer process innovation [J] . Processes, 2018, 6 (12): 260.

Müller J. , Buliga O. , Voigt K. Fortune favors the prepared: How SMEs approach business model innovations in Industry 4. 0 [J] . Technological Forecasting and Social Change, 2018 (132): 2-17.

Müller S. , Hundahl M. IT-driven business model innovation [J] . International Journal of E-Business Research, 2018, 14 (2): 14-38.

Michalik A. , et al. Towards utilizing customer data for business model innovation: The case of a german manufacturer [J] . Procedia CIRP, 2018 (73): 310-316.

Müller J. , Buliga O. , Voigt K. Fortune favors the prepared. How SMEs and approaching business model innovations in Industry 4. 0 [J] . Technol. Forecast. Soc. , 2018, 260 (6): 2-17.

Müller J. , Voigt K. Sustainable industrial value creation in SMEs: A comparison between industry 4. 0 and Made in China 2025 [J]. Int. J. Precis. Eng. Manuf. Green Technol, 2018 (5): 659-670.

Man J. , Strandhagen J. An industry 4. 0 research agenda for sustainable business models [J] . Procedia CIRP, 2017 (63): 721-726.

Merz M. , Zarantonello A. , Grappi S. How valuable are your customers in the brand value co-creation process? The development of a Customer Co-Creation Value (CCCV) scale [J] . Journal of Business Research, 2018 (82): 79-89.

Martha J. , Bovet D. Value nets: Reinventing the rusty supply chain for competitive advantage [J] . Strategy & Leadership, 2000, 4 (28): 21-26.

Mcintyre D. , Srinivasan A. Networks, platforms, and strategy: Emerging views and next steps [J] . Strategic Management Journal, 2017, 1 (38): 141-160.

Mäkinen S. , Kanniainen J. , Peltola I. Investigating adoption of free beta applications in a platform-based business ecosystem [J] . Journal of Product Innovation Management, 2013, 3 (31): 451-465.

Michael R. et al. Digitalization and its influence on business model innovation [J] . Journal of Manufacturing Technology Management, 2019, 8 (30): 1143-1160.

Mashood A. et al. Behind the blackbox of digital business models [R]. Proceedings of the 53rd Hawaii International Conference on System Sciences, 2020.

Marko Kohtamäki et al. Digital servitization business models in ecosystems: A theory of the firm [J] . Journal of Business Research, 2019 (104): 380-392.

Matzler K. , et al. Business model innovation: Coffee triumphs for Nespresso [J] . Journal of Business Strategy, 2013, 34 (2): 30-37.

Nicolescu R. , et al. Mapping the values of IoT [J] . Journal of Information

Technology, 2018 (33): 345-360.

Obloj T., Zemsky P. Value creation and value capture under moral hazard: Exploring the micro-foundations of buyer-supplier relationships [J]. Strategic Management Journal, 2015, 8 (36): 1146-1163.

Osterwalder A. Business model generation [M]. Europe: Amsterdam: Privately Publishe, 2009.

P. Weill and S. L. Woerner. Optimizing your digital business model [J]. MIT Sloan Management Review, 2013 (11): 23-35.

Pagani M., Pardo C. The impact of digital technology on relationships in a business network [J]. Industrial Marketing Management, 2017 (67): 185-192.

Pucihar A., et al. Drivers and outcomes of business model innovation—Micro, small and medium-sized enterprises perspective [J]. Sustainability, 2019, 11 (2): 344.

Parida V., Sjödin D., Reim W. Reviewing literature on digitalization, business model innovation, and sustainable industry: Past achievements and future promises [J]. Sustainability, 2019, 11 (2): 391.

Plastino and Purdy. Organising for Artificial Intelligence (AI) technologies [J]. https://www.researchgate.net/publication/333090522.

Payne A., Storbacka K., Frow P. Managing the co-creation of value [J]. Journal of the Academy of Marketing Science, 2008, 36 (1): 83-96.

Prahalad C., Ramaswamy V. Co-creation experiences: The next practice in value creation [J]. Journal of Interactive Marketing, 2004, 18 (3): 5-14.

Prahalad C., Ramaswamy V. Co-creating unique value with customers [J]. Strategy and Leadership, 2004, 32 (3): 4-9.

Peter C. et al. Marketing perspectives on digital business models: A framework and overview of the special issue [J]. International Journal of Research in Marketing, 2019 (36): 341-349.

Rietveld J. Creating and capturing value from freemium business models_ A demand- side perspective [J] . Strategic Entrepreneurship Journal, 2018 (12): 171-193.

Ritter T. , Lettl C. The wider implications of business - model research [J] . Long Range Planning, 2018 (51): 1-8.

Rietveld J. Creating and capturing value from freemium business models: A demand-side perspective [J] . Strategic Entrepreneurship Journal, 2017, 12 (2): 171-193.

Ransbotham et al. Reshaping business with artificial intelligence: Closing the gap between ambition and action [R] . MITSloan Management Review, 2017.

Rayna T. , Striukova L. From rapid prototyping to home fabrication_ How 3D printing is changing business model innovation [J] . Technological Forecasting & Social Change, 2016 (102): 214-224.

Rennung F. , Luminosu C. , Draghici A. Service provision in the framework of industry 4.0 [J] . Procedia - Social and Behavioral Sciences, 2016 (221): 372-377.

Ramaswamy V. , Ozcan K. Brand value co-creation in a digitalized world: An integrative framework and research implications [J] . International Journal of Research in Marketing, 2016, 33 (1): 93-106.

Rothmann W. and Koch J. Creativity in strategic lock-ins: The newspaper industry and the digital revolution [J] . Technological Forecasting and Social Change, 2014, 83 (1): 66-83.

Rochet J. , Tirole J. Platform competition in Two-sided markets [J] . Journal of European Economic Association, 2003, 4 (1): 990-1029.

Syam N. and Sharma A. Waiting for a sales renaissance in the fourth industrial revolution: Machine learning and artificial intelligence in sales research and practice [J]. Industrial Marketing Management, 2018 (69): 135-146.

Sebastian I. M. et al. Digital business transformation and strategy: What do we know so far? [J]. Working Paper. DOI: 10. 13140/RG. 2. 2. 36492. 62086.

Selma V. Digital transformation of business model innovation: A structured literature review [C]. R&D Management Conference, 2019.

Serravalle F., et al. Shaking up customer relationship by artificial intelligence in business [C]. R&D Management Conference, 2019.

Schallmo D., et al. Digital transformation of business models - best practice, enablers and roadmap [J]. International Journal of Innovation Management, 2017, 8 (21): 1-17.

Scuotto V., et al. A multiple buyer - supplier relationship in the context of SMEs' digital supply chain management [J]. Production Planning & Control, 2017, 16 (28): 1378-1388.

Spieth P. Exploring the linkage between business model (&) innovation and the strategy of the frm [J]. R&D Management, 2016, 3 (46): 403-413.

Schneider S., Spieth P. Business model innovation: Towards an integrated future research agenda [J]. International Journal of Innovation Management, 2013, 1 (17): 1-34.

Storbacka K., et al. Designing business models for value co - creation [J]. Review of Marketing Research, 2012 (9): 51-78.

Siedler C., et al. Categorizing and selecting digitization technologies for their implementation within different product lifecycle phases [J]. Procedia CIRP, 2019 (79): 274-279.

Szalavetz A. Industry 4. 0 and capability development in manufacturing subsidiaries [J]. Technological Forecasting and Social Change, https: //doi. org/

10. 1016/j. techfore. 2018. 06. 027.

Schumacher A. , Erol S. , Sihn W. A maturity model for assessing industry 4. 0 readiness and maturity of manufacturing enterprises [J] . Procedia CIRP, 2016 (52): 161-166.

Singaraju S. , et al. Social media and value co-creation in multi-stakeholder systems: A resource integration approach [J] . Industrial Marketing Management, 2016, 54 (4): 44-45.

Sweeney J. , Soutar G. Consumer perceived value: The development of a multiple item scale [J] . Journal of Retailing, 2001, 77 (2): 203-220.

Teece D. Business models, business strategy and innovation [J] . Long Range Planning, 2010, 2-3 (43): 172-194.

Turetken O. , et al. Service-dominant business model design for digital innovation in smart mobility [J] . Business & Information Systems Engineering, 2019, 61 (1): 9-29.

Tor W. , et al. Business model innovation and value-creation: The triadic way [J] . Journal of Service Management, 2018, 29 (5): 883-906.

Teece D. Profiting from innovation in the digital economy: Enabling technologies, standards, and licensing models in the wireless world [J] . Research Policy, 2018, 47 (8): 1367-1387.

Tobias Riasanow et al. Clarifying the notion of digital transformation: A transdisciplinary review of literature [J] . JCSM, 2019 (10): 5-36.

T. Ritter and C. L. Pedersen. Digitization capability and the digitalization of business models in business-to-business firms: Past, present, and future [J]. Industrial Marketing Management, 2020 (86): 180-190.

Verhoef P. C. et al. Digital transformation: A multidisciplinary reflection and research agenda [J] . Journal of Business Research. (in press), 2019.

Veit D. et al. Business models [J] . Business & Information Systems Engineering, 2014, 6 (1): 45-53.

Vargo S., Lusch R. Institutions and axioms: An extension and update of service-dominant logic [J] . Journal of the Academy of Marketing Science, 2016, 1 (44): 5-23.

Visnjic I. et al. Only the brave product innovation, service business model innovation, and their impact on performance [J] . Journal of Product Innovation Management, 2016, 33 (1): 36-52.

Vargo S., Lusch R. Evolving to a new dominant logic for marketing [J] . Journal of Marketing, 2004, 1 (68): 1-17.

Valter P., Lindgren P., Prasad R. Advanced business model innovation supported by artificial intelligence and deep learning [J] . Wireless Personal Communications, 2018, 100 (1): 97-111.

Vargo S., Lusch R. Service-dominant logic 2025 [J] . International Journal of Research in Marketing, 2017, 1 (34): 46-67.

Vargo S., Wieland H., Akaka M. Innovation through institutionalization: A service ecosystems perspective [J] . Industrial Marketing Management, 2015, 44 (1): 63-72.

Vargo S., Lusch R. Service - dominant logic: Continuing the evolution [J] . Journal of the Academy of Marketing Science, 2008, 1 (36): 1-10.

Wei Z., Song X., Wang D. Manufacturing flexibility, business model design, and firm performance [J] . International Journal of Production Economics, 2017 (193): 87-97.

Wang Y., et al. Supply Chain-Based business model innovation: The case of a cross-border e-commerce company [J] . Sustainability, 2018, 10 (12): 4362.

Wayne D., Hoyer. Customer co - creation in new product development

[J] . Journal of Service Research, 2010, 13 (3): 283-296.

Yu C. , Zhang Z. , Liu Y. Understanding new ventures' business model design in the digital era [J] . Computers in Human Behavior, 2018: 1-14.

Yin R. K. Case study research: Design and methods [J] . Sage Publications, 2009, 44 (1): 108.

Zott C. , Amit R. , Massa L. The business model-recent developments and future research [J] . Electronic Journal, http: //ssrn. com/abstract=1674384.

Zhang W. , Daim T. , Zhang Q. Understanding the disruptive business model innovation of E-business microcredit: A comparative case study in China [J]. Technology Analysis & Strategic Management, 2018, 30 (7): 765-777.

Zhong R. , et al. Intelligent manufacturing in the context of industry 4. 0: A review [J] . Engineering, 2017, 3 (5): 616-630.

Zott C. , Amit R. The business model: A theoretically anchored robust construct for strategic analysis [J] . Stategic Organization, 2013, 11 (4): 403-411.